NÄH-LEXIKON Selbstschneidern von A - Z

N ä h - L e x i k o n

Selbstschneidern von A - Z

Dieses Näh-Lexikon
das in engem Kontakt mit dem Hause Gütermann und der Redaktion der Modezeitschrift NEUER SCHNITT zusammengestellt und ausgearbeitet wurde – will Ihnen helfen, Ihre Freude am „Selbstgeschneiderten" ungetrübt zu erhalten.
Sie finden darin die wichtigsten Verarbeitungshinweise und Antworten auf viele Fragen aus dem Gebiet der Näherei.
Befolgen Sie die Ratschläge dieses Lexikons, denn „gewußt wie" garantiert das gute Gelingen.

Gütermann Näh-Lexikon — Selbstschneidern von A—Z. Heinrich-Bauer-Verlag, Hamburg 1, Burchardstr. 11. Anschrift der Verlags-Auslieferung: Wiesbaden, Postfach 808. Druck: Franzis-Druck, München 37, Karlstr. 35.
Heinrich-Bauer-Verlag · 1963 · Printed in Germany.

Inhaltsverzeichnis

Was will dieses Buch?

Es will Ihnen die zum Schneidern notwendige Sicherheit geben und Ihnen mit Rat und Tat zur Seite stehen.

Aus der großen Fülle schneidertechnischer Vorgänge sind hier die wichtigsten, die Sie kennen sollten, zusammengestellt und erklärt.

Wenn Sie diese Grundbegriffe beherrschen, werden Sie mit Freude schneidern.

Aus Leserzuschriften, die der Redaktion NEUER SCHNITT zugingen und dem persönlichen Beratungsdienst des Verlages wurden die aktuellsten Fragen herausgegriffen. Was viele wissen wollten – wird auch Sie interessieren.

Wie benutzt man dieses Buch?

Dieses Buch ist ein nach dem Alphabet geordnetes Nachschlagewerk.
Wenn Sie also nach der Erklärung für einen Schneidervorgang oder einen modischen Begriff suchen, dann schlagen Sie das Stichwortregister auf den Seiten 121-125 auf und finden dort die hier zusammengetragenen schneidertechnischen Grundbegriffe beider Buchteile aufgeführt und mit der entsprechenden Seitenangabe versehen.

Ziehen Sie das Buch immer zu Rate – legen Sie es sich in erreichbare Nähe, am besten in den Nähmaschinenkasten oder in Ihren Nähkorb; denn ein Rat, der sofort erfolgt, erspart Ihnen viel Mühe und Zeit.

Teil 1

Näh-Lexikon von A-Z

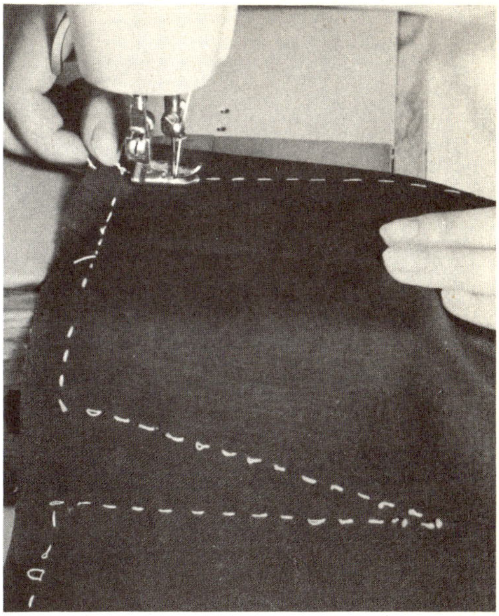

Abb. 1

Abnäher

sind spitzauslaufend abgenähte Falten um die Körperformen auszuarbeiten. Abnäher werden von der Spitze aus geheftet, aber von der breiten Seite aus mit Gütermann 100/3 gesteppt (Abb. 1). In dicken Stoffen werden die Abnäher aufgeschnitten und auseinandergebügelt (Abb. 2), in dünnen Stoffen zu einer Seite gebügelt. Der jeweiligen Körperform entsprechend, müssen Abnäher bei der Anprobe oft breiter oder schmaler abgesteckt und genäht werden.

Taillenabnäher an durchgehend geschnittenen Kleidformen sitzen besser, wenn sie in Taillenhöhe bis knapp vor die Steppnaht quer eingeschnitten werden.

Abnäher bügelt man im allgemeinen so, daß der Bruch des abgenähten Teiles zur Körpermitte zeigt.

Besonders unauffällig liegt die Naht im Stoff, wenn der abgenähte Teil breitgebügelt wird, so daß die Naht über der Mitte des Abnäherteils liegt.

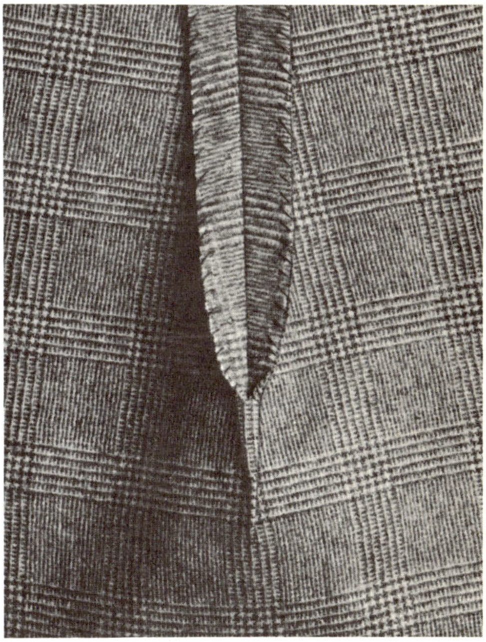

Abb. 2

Ärmel einsetzen

Vor dem Einsetzen der Ärmel müssen die Ärmelnähte mit Gütermann 100/3 genäht und ausgebügelt werden.

Abb. 3

Das Einsetzen von **Puffärmeln** ist einfach (Abb. 3). Die im Schnitt angegebenen Partien der Ärmelkugel werden mit der Maschine mit großen Stichen zweimal nebeneinander (Abstand ca. 0,5 cm) durchgesteppt. Der Ärmel wird zur Hälfte gelegt, und der der Ärmelnaht gegenüberliegende Punkt kommt später an die Schulternaht. Auf den Unterfäden der Reihnaht wird der Stoff auf die gewünschte Weite zusammengeschoben. Die Fäden werden um eine Stecknadel gewickelt festgehalten (Abb. 4). Beim Einstecken der Ärmel ist darauf zu achten, daß Seitennaht auf Seitennaht und Markierungspunkte aufeinandertreffen müssen.

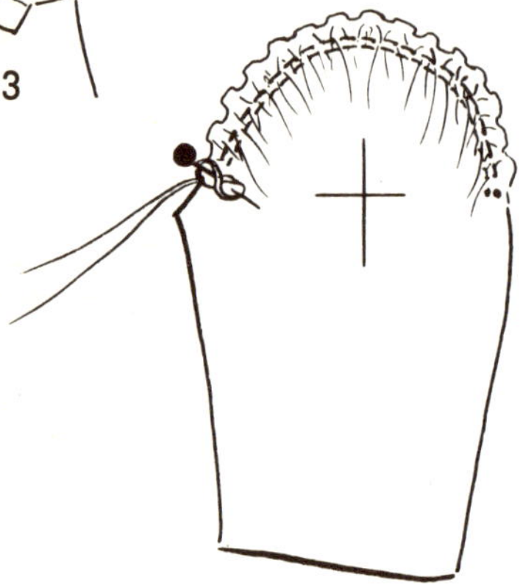

Abb. 4

Bei **zweiteiligen Ärmeln** sind bei Ober- und Unterärmeln die Zeichen für Dehnen und Einhalten zu beachten. Zeichengemäß wird die Überweite des Ärmels mit einem Faden ganz leicht eingehalten und unter feuchtem Tuch eingebügelt. Die zu dehnenden Stellen werden beim Bügeln, ebenfalls unter einem feuchten Tuch, etwas gereckt und gespannt.

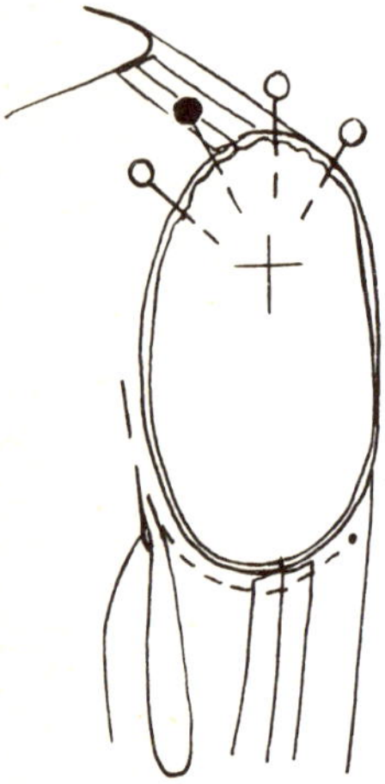

Abb. 5

Der Ärmel wird rechts auf rechts treffend in den Armausschnitt gezogen und mit quergesteckten Stecknadeln befestigt. Die Überweite wird, ohne daß Kräusel und Fältchen entstehen, zu beiden Seiten der Schulternaht verteilt. Dabei kommt nach vorn meistens etwas mehr Überweite als nach hinten (Abb. 5). Der Fadenlauf muß am vorderen Rand der Ärmelkugel wie Abb. 6 zeigt verlaufen.

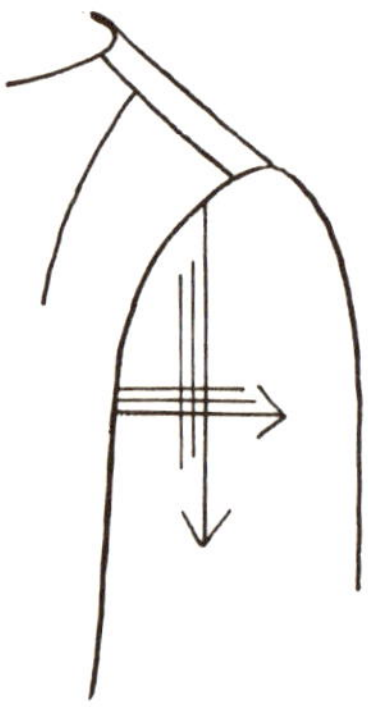

Abb. 6

Mit kleinen Stichen wird der Ärmel in der Einsatzlinie eingeheftet, noch einmal anprobiert und dann – wenn er sitzt – mit Gütermann 100/3 eingesteppt. Dabei legt man das Oberteil auf die Maschine und den Ärmel nach oben. Begonnen wird mit dem Steppen an der Ärmelnaht.

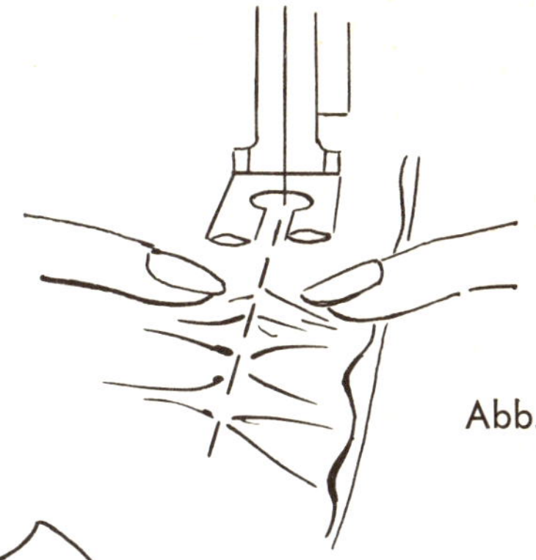
Abb. 7

Es ist darauf zu achten, daß keine Falten und Kniffe unter dem Steppfuß entstehen. Dafür gibt es eine kleine Hilfestellung: Man legt die beiden Zeigefinger – immer wieder nachrutschend – ein Stückchen vor dem Fuß auf den Ärmel und die Nahtzugabe und zieht das Material leicht nach außen (Abb. 7). Dadurch verschwinden in schräglaufendem Material die Fältchen und man kann, immer dem Heftfaden folgend, glatt darüber steppen.

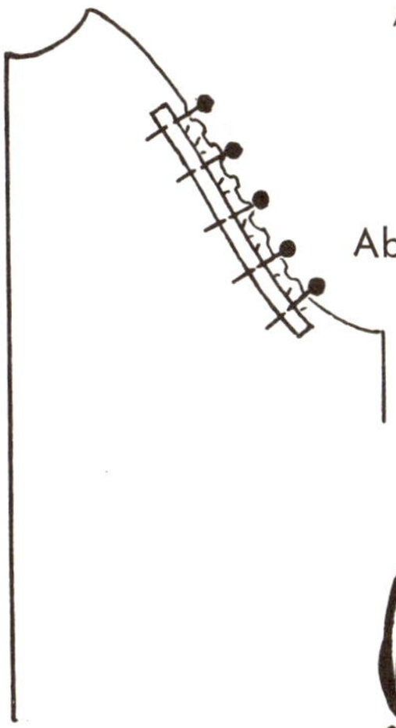
Abb. 8

Bei klassischen **Raglanärmeln** werden die schrägen Ärmeleinsatzränder am Vorder- und Rückenteil mit einem Bändchen ca. 1–2 cm eingehalten (Abb. 8). Beim Schließen des Schulterabnähers bzw. der Naht bei zweiteiligen Raglanärmeln ist zu beachten, daß der Schulterabnäher oder die Naht schön flach ausläuft und keine Tüte bildet. Man muß vermeiden, die Ärmeleinsatzränder an den Raglanzungen zu dehnen. Diese müssen den Ärmeleinsatzrändern am Oberteil genau eingepaßt werden.

Bei Modellen mit einer **Ziersteppnaht** (Abb. 9) werden beide Nahtzugaben nach einer Seite gelegt und beim Steppen der im beliebigem Abstand von der Naht verlaufenden Ziernaht mitgefaßt, dadurch wirkt die Naht plastischer. Bei einfacher Naht wird der obere Teil der Raglanärmelnaht auseinander gebügelt.

Abb. 9

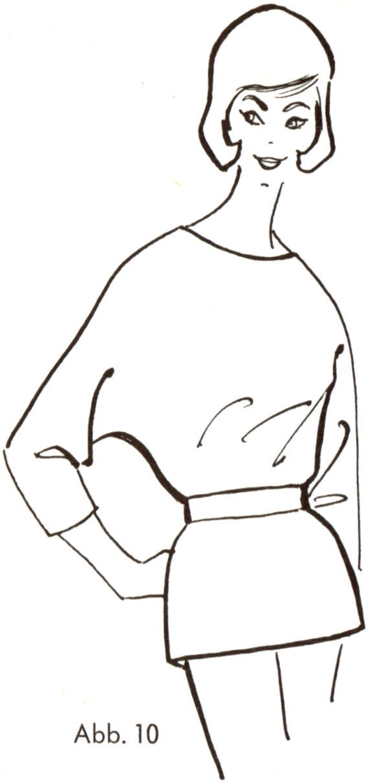

Abb. 10

Der **Fledermausärmel** (Abb.10) ist angeschnitten. Der Fadenlauf bei angeschnittenen Ärmeln ist schräg. Gerade Schrägnähte werden beim Nähen auf der Maschine gestreckt oder gedehnt gehalten. Die Schrägung der vorderen angeschnittenen Ärmel ist meistens eine andere als am rückwärtigen angeschnittenen Ärmel. Diese Teile mit verschiedenem Fadenlauf werden „hängend" aneinandergesetzt. Dazu legt man sie rechts auf rechts aufeinander, steckt sie an einer Schneiderbüste oder einem Vorhang fest und so aneinander, daß sie ungezwungen fallen. Durch diese Art der Verarbeitung vermeidet man, daß sich an den Ärmelnähten schräglaufende Fältchen bilden.

Bei **Kimono- und Halbkimonoschnitten** werden Zwickel oder Keile eingesetzt (siehe Zwickel). Dadurch wird eine größere Bewegungsfreiheit erzielt.

Abb. 11

Applizieren

ist die Bezeichnung für das Aufnähen von verzierenden Stoffteilen (Abb. 11). Die rascheste Art der Applikation ist die durch Aufkurbeln (d. h. mit Zickzackstich aufnähen) von einfachen Motiven mit enger Sticheinstellung. Diese Stoffteile werden mit Nahtzugabe ausgeschnitten. Nach dem Aufsteppen mit einfacher Naht wird die Stoffzugabe dicht an der Steppnaht weggeschnitten und danach der Rand mit dichten Zickzackstichen übernäht (aufgekurbelt).

Belag
ist die Innenbekleidung bei Verschlußkanten und Ärmeln und wird meistens mit Einlagestoff unterlegt.

Wenn der Belag dem Schnitteil angeschnitten ist, wird die Einlage mit Hexenstichen in der Umbruchlinie befestigt (Abb. 12).

Wird der Belag zusätzlich zugeschnitten, muß er dem Schnitteil rechts auf rechts aufgeheftet und schmalkantig mit Gütermann 100/3 aufgesteppt werden (siehe verstürzt nähen). Der Belag wird dann nach innen gewendet, die Naht genau in den Bruch gelegt und der Bruch durchgeheftet und unter feuchtem Tuch gut ausgebügelt.

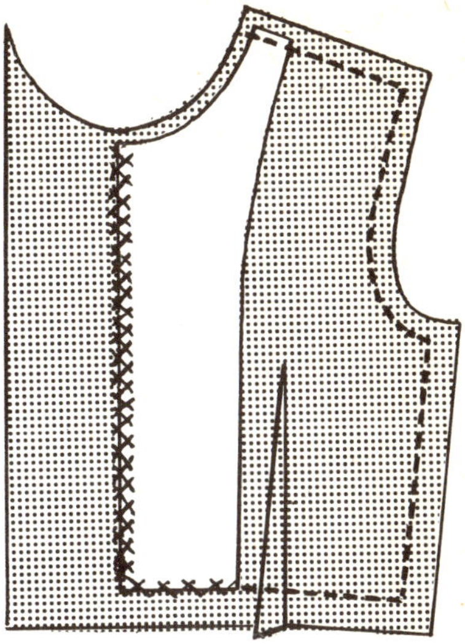

Abb. 12

Besatz

1. Bezeichnung für einen Belag, der nach außen gewendet und aufgesteppt oder hohl aufgenäht wird.

2. Streifen aus Pelz, Samt, Duchesse oder auch Borten, die als modischer Blickfang auf Taschen, Kragen, Manschetten oder Rocksäume genäht werden. Der Besatz kann den fertig genähten Teilen hohl aufgenäht werden (siehe hohl annähen) oder wird zum Einfassen dieser Teile benutzt (Abb. 13). Verarbeitung siehe Blende.

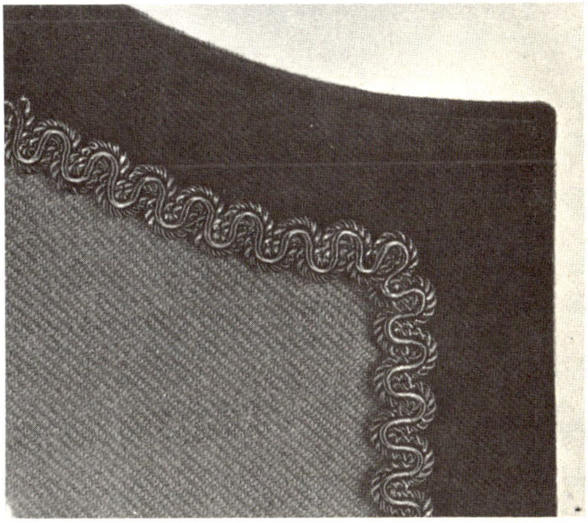

Abb. 13

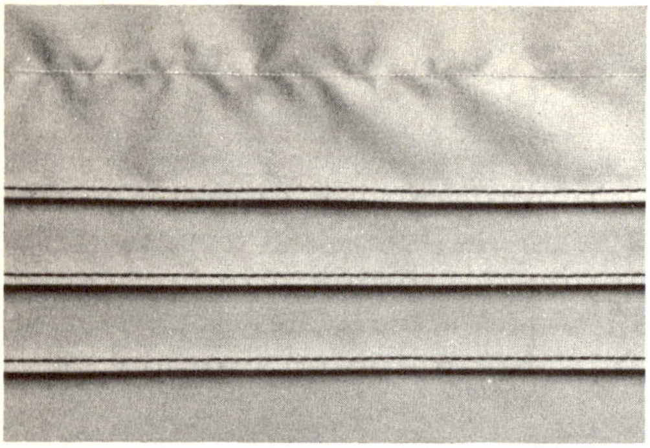

Abb. 14

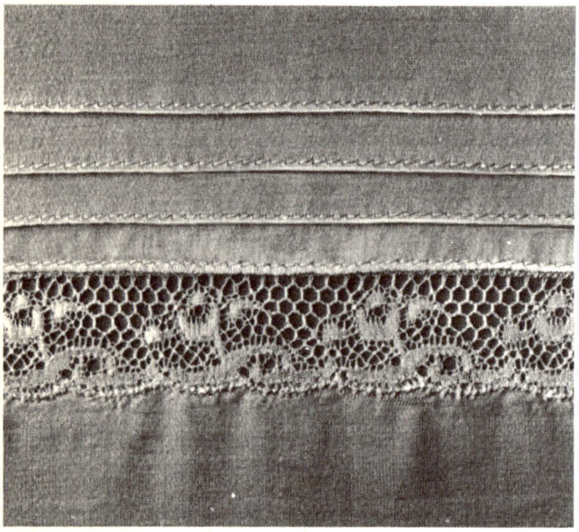

Abb. 15

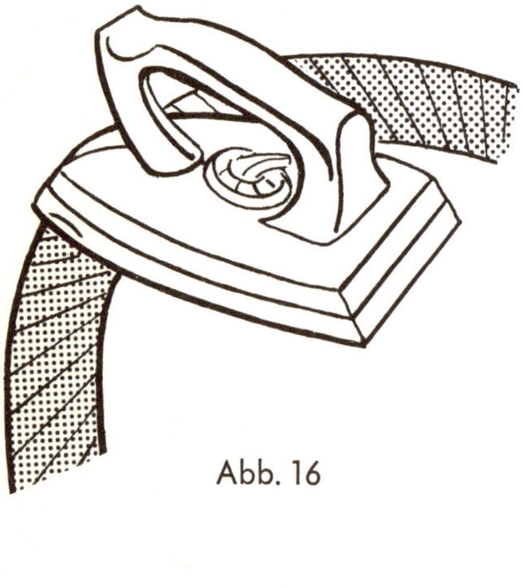

Abb. 16

Biesen

müssen genau im Fadenlauf oder diagonal dazu gearbeitet werden. Sie werden vor dem Zuschneiden alle von einer Seite aus gesteppt und müssen gut ausgebügelt sein.

Mit der Hand gearbeitete Biesen gelingen sehr exakt, wenn man einen Gewebefaden als Bruchmarkierung ca. 2 cm herauszieht, den dadurch leicht gekrausten Stoff vorsichtig glattstreicht, wobei der Faden nicht abreißen darf (Abb. 14). Der genaue Biesenverlauf ist so vorgezeichnet, und mühelos lassen sich dann wenige Gewebefäden daneben die Biesen mit kleinen Vorstichen abnähen.

Zeitsparend ist das Nähen der Biesen mit der Maschine. Die Biesenabstände werden hierbei auch wie oben beschrieben markiert und die Biesen in der gewünschten Breite abgesteppt (Abb. 15).

Blende

heißt ein Stoffstreifen, der zur Verzierung auf das Kleidungsstück rechts aufgearbeitet wird. Die Blende kann vom selben Stoff oder auch – je nach Modell – aus einem andersfarbigen oder sogar andersartigen Material bestehen.

Es gibt die **Schrägblende** und die **Formblende.** Die Schrägblende muß vor dem Verarbeiten, sofern es sich nicht um eine gerade verlaufende Blende handelt, sondern beispielsweise um eine für die Ausschnittrundung, mit dem Eisen in die gerundete Form gebügelt werden (Abb. 16). Die Außenkante wird dabei ziemlich stark gedehnt und die Innenkante bügelt man enger ein. Bei dem schrägen Fadenlauf geht es verhältnismäßig einfach. Es ist darauf zu achten, daß keine Fältchen beim Bügeln entstehen.

Formblenden werden genau im Fadenlauf des Kleidungsstückes zugeschnitten, auf das die Blende gearbeitet werden soll (Abb. 17).

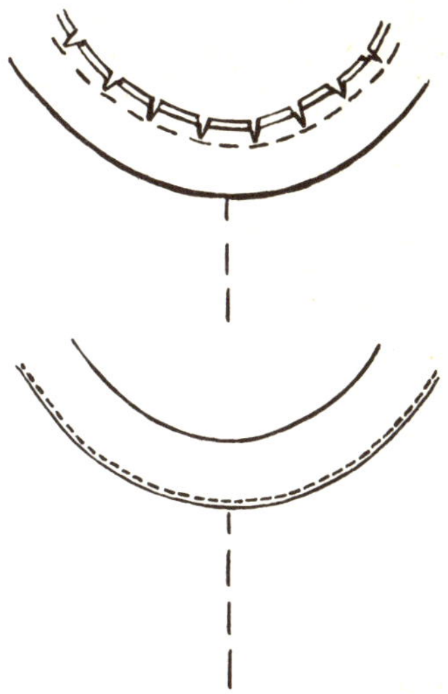
Abb. 17

In vielen Fällen werden mit der Blende gleich der Halsausschnitt, eine Übertrittkante, die untere Ärmellänge oder die oberen Taschenkanten versäubert.

Dazu legt man die rechte Stoffseite der Blende auf die linke Stoffseite des zu versäubernden Teiles. In der Durchschlagkontur steppt man die Blende mit Gütermann 100/3 fest, schneidet die Nahtzugabe mehrmals ein und schlägt dann die Blende nach rechts, heftet die Kante gut im Bruch durch und mißt die Blendenbreite von der gehefteten Bruchkante gleichmäßig breit ab.

Blenden sollen sich erhaben und deutlich sichtbar von dem Kleidungsstück abheben. Um das zu erreichen, kann man sie entweder auf beiden Seiten ab- bzw. aufsteppen oder mit der Hand mit Hohlstichen aufsäumen.

Verarbeitet man einen dünnen Stoff, ist es ratsam, unter die Blende eine leichte Einlage zu arbeiten. Die Einlage wird ohne Nahtzugabe zugeschnitten und mit Hexenstichen an der ersten Steppnaht befestigt (Abb. 18). Dann wird die Blende um die Einlage geschlagen, innen aufgenäht oder gesteppt und die Bruchkante der Blende hohl aufgenäht.

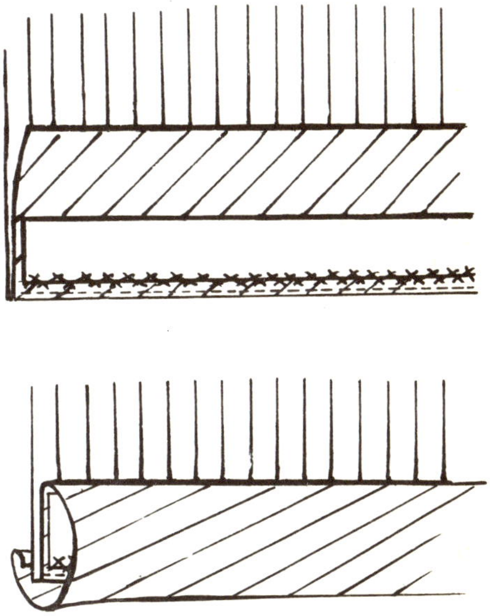
Abb. 18

Für **Duchesseblenden** an festlichen Kleidern soll der Stoff schräg geschnitten, um starke Einlage (z. B. Vlieseline etwa Nr. 40) geschlagen und darauf mit Pikierstichen befestigt werden. Auf dem Kleidungsstück werden Duchesseblenden mit Hohlstichen befestigt.

Bogenberandung
siehe Festonieren.

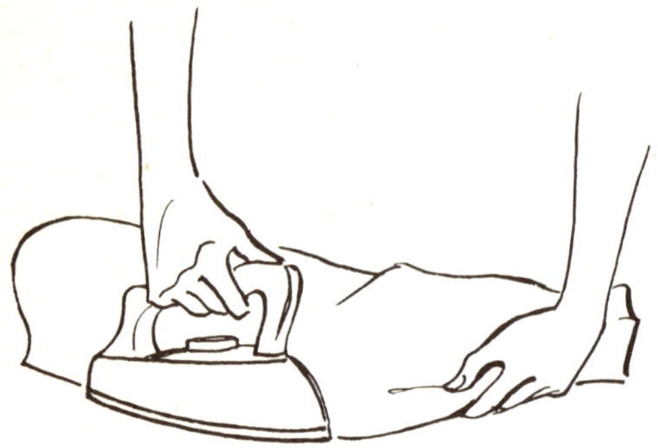

Abb. 19

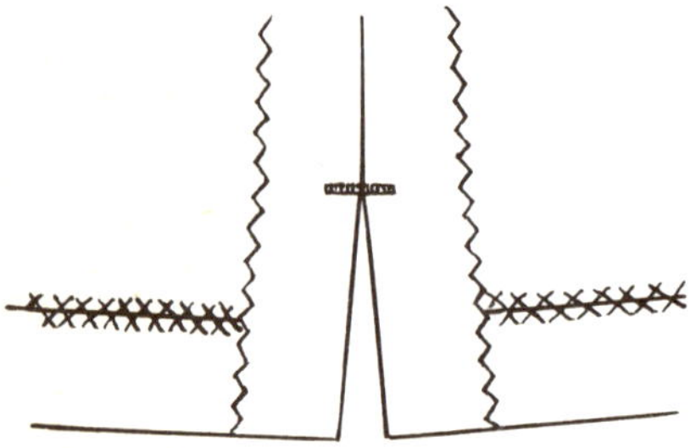

Abb. 20

Abb. 21

Dehnen

Vor dem Heften und Nähen müssen die im Schnitt mit ⁄\/\/\/ (dem Zeichen für Dehnen) markierten Partien unter feuchtem Tuch gebügelt werden. Die bezeichneten Teile werden so beim Bügeln gedehnt, bis der äußere Rand nach außen gerundet auf dem Bügelbrett liegt (Abb. 19).

Dior-Schlitz

Das ist ein Rockschlitz im Oberrock, der über einem mit Stoffstreifen belegten, untergearbeiteten Futterrock aufspringt.

Oberrock und Futter werden nach dem gleichen Schnitt zugeschnitten. Die rückwärtige Mittelnaht des Oberstoffes läßt man für den Dior-Schlitz ca. 15 cm offen. Die Nahtränder des Schlitzes werden versäubert und hohl angesäumt (Abb. 20).

In die Seitennähte des Futterrockes arbeitet man 16 cm lange Schlitze. Um die Schlitzenden besonders haltbar zu machen, steppt man kleine Stoffdreiecke darüber. Der Saum des um ca. 1½ cm kürzeren Futterrockes wird mit der Maschine gesteppt. Auf die Mitte der hinteren Rockbahn des Futterrockes wird ein ca. 20 cm breites und 25 cm langes Stück des Rockstoffes gesteppt, so daß es 5 cm über den Saum des Futterrockes reicht. 4 cm des Oberstoffes werden als Saum umgebogen (Abb. 21). Der Dior-Besatz ist somit ca. 1 cm länger als der Futterrock und ½ cm kürzer als der Oberrock.

Doppeln

oder verstürzt nähen. Kragen, Taschenleisten und Manschetten werden zweimal zugeschnitten, rechts auf rechts zusammengeheftet und schmalkantig mit Gütermann 100/3 zusammengesteppt.

Meistens werden diese Teile mit Einlage versteift, die nach dem Steppen 2 mm hinter der Stepplinie weggeschnitten wird (Abb. 22). Die Nahtzugaben werden zuerst gleich breit beschnitten und an runden Rändern bis an die Steppnaht heran eingeschnitten sowie an den Ecken schräg abgeschnitten (Abb. 23). Die gedoppelten Stoffteile werden so gewendet, daß die Naht zwischen beiden Stofflagen liegt. Die Stepplinie wird im Bruch gut durchgeheftet und zunächst leicht gebügelt. Nachdem die Heftfäden entfernt sind, wird unter feuchtem Tuch gut ausgebügelt.

Abb. 22

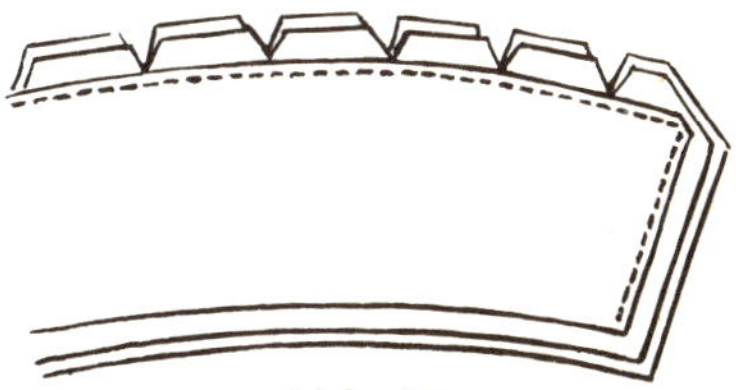

Abb. 23

Drapierung

In weiche Falten gelegte Überweite, die der Kleidung eine sehr elegante, damenhafte Note verleiht (Abb. 24). Nur weiche Stoffe eignen sich für diese Art der Verarbeitung.

Angaben für die Drapierung sind vom Schnitt genau auf den Stoff zu übertragen und zeichengemäß × auf ● treffend einzulegen oder auf die angegebene Weite einzureihen. Dabei ist besonders auf die im Schnitt eingezeichneten Faltenbrüche und den Fadenlauf zu achten, da diese Angaben für den Fall des Stoffes außerordentlich wichtig sind. Mit geschickten Drapierungen lassen sich auch oft kleine figürliche Mängel ausgleichen. Drapierungen erfordern sorgfältige Anproben.

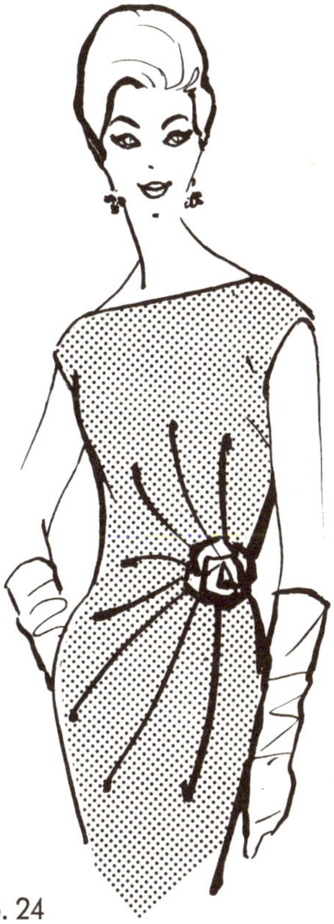

Abb. 24

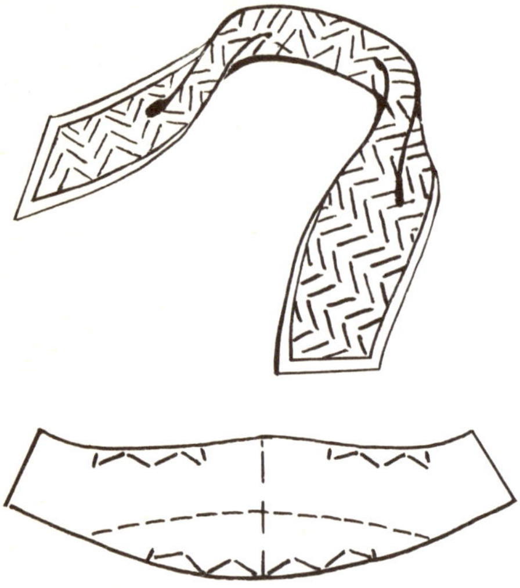

Abb. 25

Dressieren

bedeutet Formbügeln. Mit feuchtem Bügeln kann man mehr oder weniger dauerhaft den Stoff dehnen oder auch einbügeln (Abb. 25).

Kostüm- und Mantelkragen werden noch vor dem Pikieren in Form dressiert. Wie die Zeichnung zeigt, werden die Ränder zwischen den Querzeichen beim Bügeln durch Dehnen geformt.

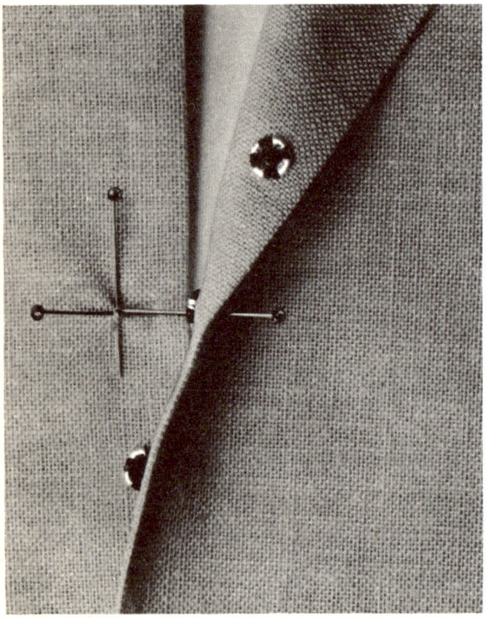

Abb. 26

Druckknöpfe

sollen möglichst auf doppelten Stoff genäht werden. Auf den Übertritt werden die Druckknopfhälften genäht, die einen Dorn haben. Eine durch das Paßloch des Druckknopfes geführte Stecknadel markiert auf dem Untertritt den Punkt für die untere Druckknopfhälfte (Abb. 26). Druckknöpfe müssen haltbar mit 4–5 Stichen mit Gütermann 100/3 durch jedes Loch angenäht werden. Auf der rechten Seite dürfen die Stiche jedoch nicht sichtbar sein.

Bei sehr kleinen Druckknöpfen ist es ratsam, die untere Hälfte so zu drehen, daß die Annähpunkte beim Zudrücken des Druckknopfes nicht übereinanderliegen.

Durchschlagen

oder ausnoppen. Konturen und Zeichen des Schnittmusters müssen genau auf den Stoff übertragen werden. Für Schnitteile, die in doppelter Stofflage zugeschnitten werden, ist die sicherste Art das Übertragen mit Durchschlagstichen. Das sind Vorstichreihen, die mit doppeltem Heftfaden gearbeitet in Abständen von ca. 1½ cm zu losen Fadenschlingen stehenbleiben (Abb. 27). Abnäher im Papierschnitt schneidet man aus und näht die Schlingenstiche an den Kanten entlang.

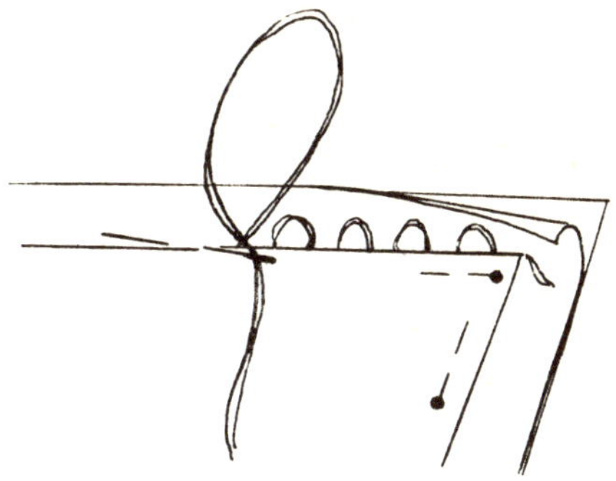

Abb. 27

Nach dem Zuschneiden werden die Stoffteile auseinandergezogen, so weit die Fadenschlingen nachgeben, und die Durchschlagfäden vorsichtig in der Mitte durchgeschnitten (Abb. 28). Auf beiden Stoffteilen stehen nun den Schnittangaben entsprechend kleine Fadenbüschel als Markierungslinien (Durchschlagkontur).

Nach dem Heften der Teile und vor dem Ausführen der Steppnaht diese Fadenenden entfernen. Schon beim Heften muß man darauf achten, daß man diese Fadenbüschel nicht erfaßt und mit durchnäht.

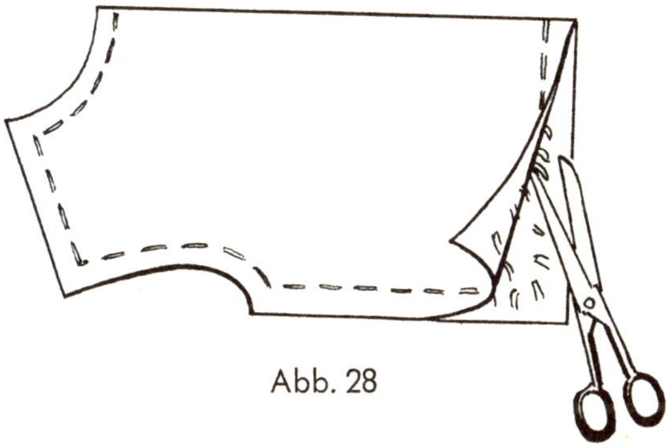

Abb. 28

Einfädeln der Nähmaschine

Das Einfädeln der Nähmaschine muß genau nach der für das Fabrikat gegebenen Vorschrift erfolgen. Die Oberfadenspannung muß der Stärke des Nähfadens entsprechend richtig reguliert werden, so daß die Verknüpfung von Ober- und Unterfaden in der Mitte des Stoffes erfolgt (Abb. 29).

Abb. 29

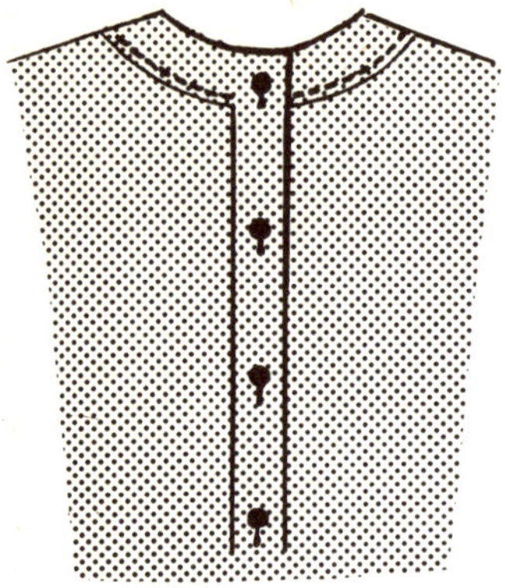

Abb. 30

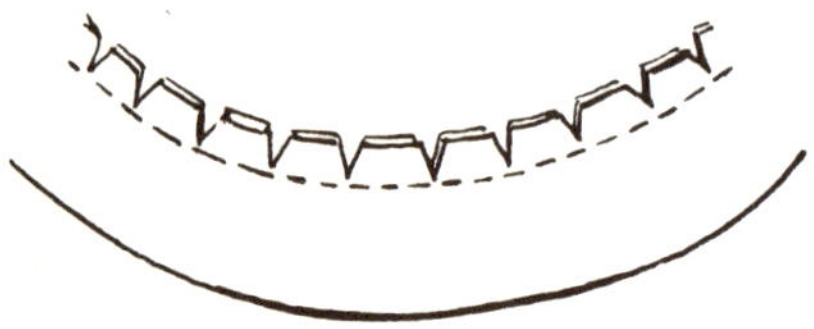

Abb. 31

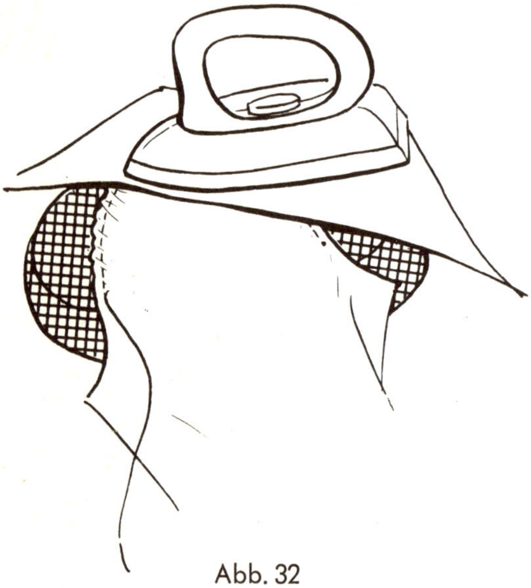

Abb. 32

Einfassen

kann man Halsausschnitte, Armausschnitte und untere Ärmelränder mit Formstreifen (Abb. 30) oder Schrägstreifen. Zum Einfassen von Kragen, Taschen oder Verschlußrändern verwendet man häufig Tresse (siehe Tresse). Schrägstreifen werden vor dem Annähen in die gewünschte Rundung gebügelt. Der Schräg- oder Formstreifen wird rechts auf rechts mit Gütermann 100/3 auf das Kleidungsstück gesteppt. Verarbeitung siehe Blende. Bei Rundungen ist darauf zu achten, daß der Stoff beim Annähen des Einfaßteiles nicht ausgedehnt wird.

Bei runden Ausschnitten wird die Nahtzugabe mehrere Male eingezwickt, damit sich der Ausschnittrand schön flachlegt (Abb. 31).

Einhalten

Die im Schnitt markierten Teile werden mit kleinen Vorstichen eingereiht, können aber auch mit der Maschine mit großer Sticheinstellung genäht werden. Durch Anziehen des Unterfadens wird der Stoff etwas zusammengeschoben und die Überweite über einem runden Bügelkissen oder zusammengerollten Handtuch unter feuchtem Tuch eingebügelt (Abb. 32).

Endeln

siehe Kurbeln.

Fadenlauf

siehe Teil 2 unter Zuschneiden.

Falbeln

arbeitet man aus dünnem Material. Der untere Rand eines geraden Streifens wird eingerollt oder mit Zickzackstich mit Gütermann 100/3 umnäht. Die Falbeln, die mit Köpfchen angesetzt werden, biegt man am oberen Rand entsprechend breit um und reiht sie in gleichmäßigem Abstand zum Bruch ein- oder zweimal ein (Abb. 33). Die Falbel wird auf den für sich versäuberten Stoffrand mit Gütermann 100/3 so aufgesteppt, daß ein Köpfchen stehenbleibt.

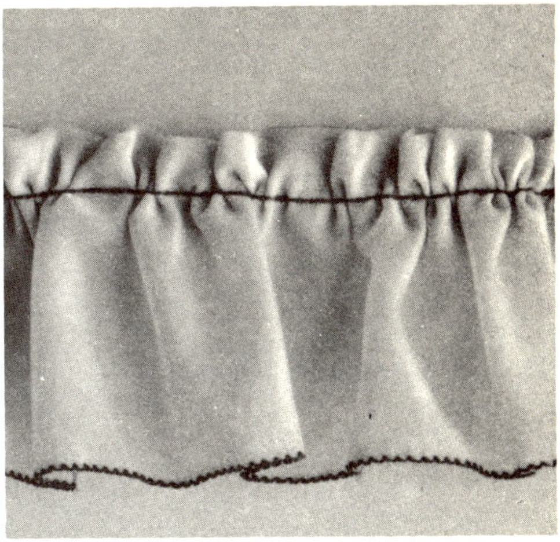

Abb. 33

Schrägfalbeln arbeitet man aus einem zur Hälfte gefalteten und gebügelten Schrägstreifen. Die Schnittkanten werden aufeinandergelegt, eingereiht und rechts auf die Stoffkante geheftet. Darüber wird ein Schrägstreifen geheftet und schmalkantig mit Güterman 100/3 festgesteppt (Abb. 34). Der Schrägstreifen wird über die Nahtzugaben gebügelt und mit Hohlstichen auf der linken Seite angesäumt (Abb. 35).

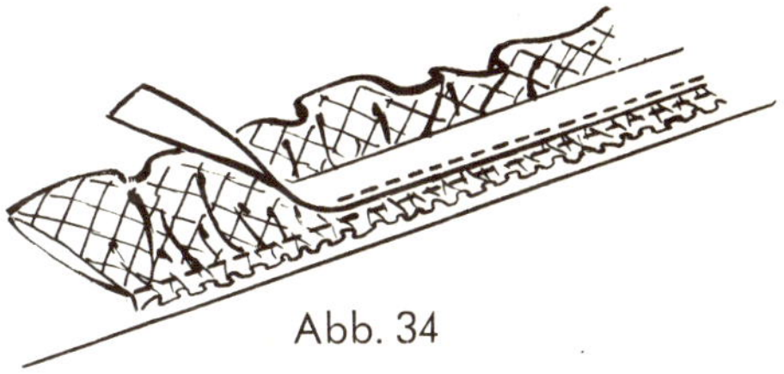

Abb. 34

Falten

werden gelegt, um viel Stoff unterzubringen, oder um engen Kleidteilen mehr Weite für eine größere Bewegungsfreiheit zu geben. Es gibt verschiedene Formen der Falten: einfache Falten, Kellerfalten, Fächerfalten und eingesetzte Falten. Faltenröcke lassen sich nach der eigenen Taillen- und Hüftweite genau berechnen.

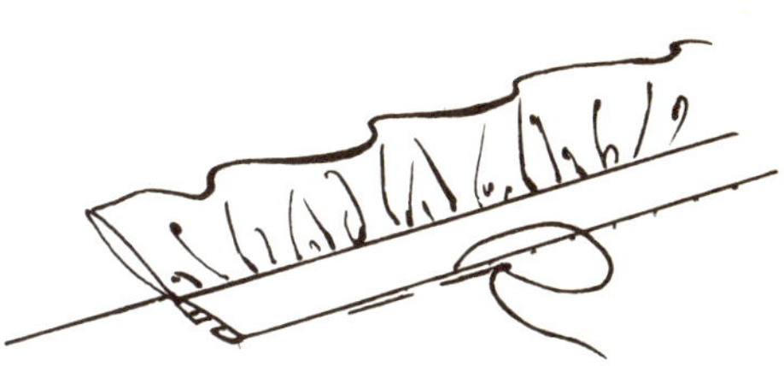

Abb. 35

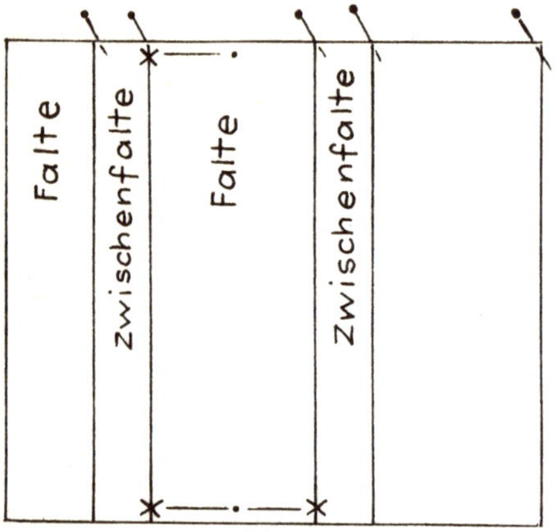

Abb. 36

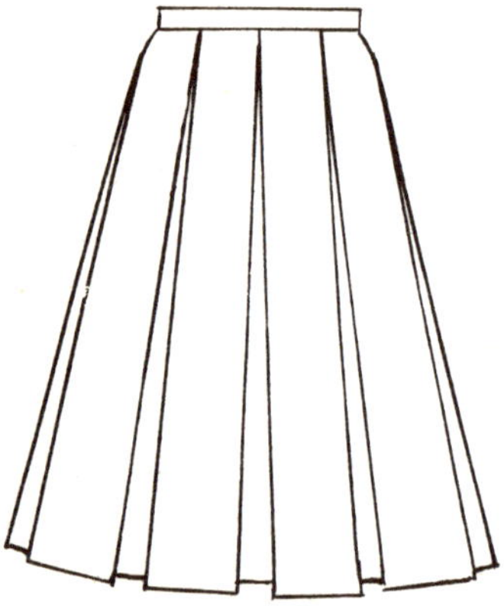

Abb. 37

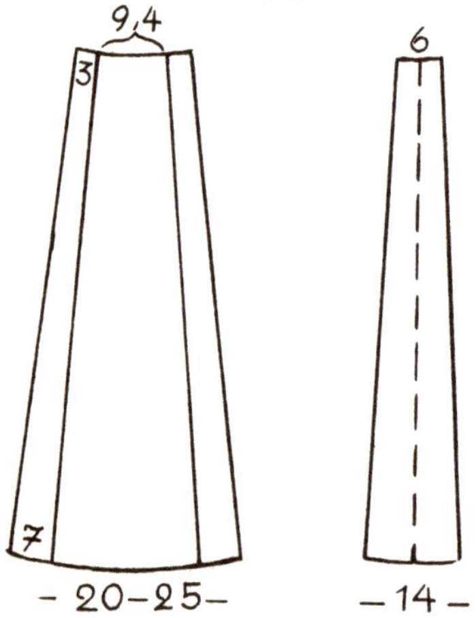

Abb. 38

Rock mit ungebügelten Falten,
die nach unten auseinanderfallen.

Beispiel: Bei einer Taillenweite von 75 cm sollen 3 m Stoff rundum im Rock in Falten gelegt werden, die 3 cm voneinander entfernt sind. So ergeben sich 75 : 3 = 25 Falten. Von der ganzen Rockweite wird die Taillenweite abgezogen (3 m – 0,75 m = 2,25 m). Diese Stoffmenge wird durch die Anzahl der Falten geteilt (225 cm : 25 = 9 cm). 9 cm stehen also jeweils für eine Falte zur Verfügung. Man beginnt nun mit ½ Falte = 4,5 cm (die Webekante bleibt als Nahtzugabe für die Innenfalte stehen) und steckt eine Stecknadel senkrecht (Abb. 36).

Nun werden 3 cm abgemessen (Stecknadel), dann 9 cm (Stecknadel) und so fort, bis zum Schluß wieder ½ Falte = 4,5 cm übrigbleibt (mit ½ Falte am Anfang ergibt das 1 Falte, Naht im Falteninnenbruch). Die 9 cm werden als Falte gesteckt und die 3 cm bleiben als Zwischenraum usw., bis alle Falten gesteckt sind. Jetzt wird kontrolliert, ob die Taillenweite richtig ist. Verschiebungen lassen sich leicht regulieren.

Eine beliebte Form ist der weitfallende **Rock mit eingesetzten Kellerfalten** (Abb. 37). Oft werden dazu 8 Bahnen genommen. Die Taillenweite wird in diesem Fall durch 8 geteilt. Bei 75 cm Taillenweite müßte jede Bahn oben ca. 9,4 cm weit sein und am unteren Rand des Rockes ca. 20–25 cm weit. An beiden Seiten dieser Bahn wird eine halbe Falte angeschnitten, die oben 3 cm breit ist und unten ca. 7 cm (Abb. 38). Dazu braucht man noch für jede der 8 Falten eine rückwärtige Faltenbahn, die in der Taille 2 × 3 cm = 6 cm breit und am unteren Rand 2 × 7 cm = 14 cm breit sein soll.

Kontrollieren, ob die Falten über der Hüfte nicht unschön auseinandersperren.

An allen 16 Teilen müssen zuerst die Rocksäume gearbeitet werden. Die beiden Faltenhälften der großen Rockbahnen werden nach links geschlagen und die entstehenden Stoffbrüche auf die Mittellinie der rückwärtigen Faltenbahnen geheftet.

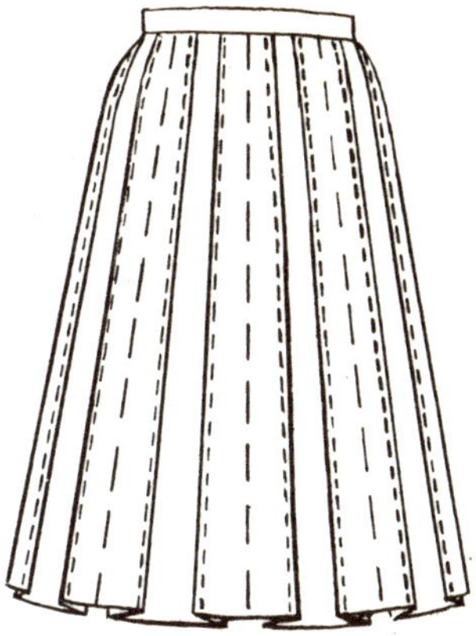

Abb. 39

Wenn auf diese Weise der ganze Rock geschlossen ist, wird er nach links gedreht und die Nähte der Falten mit Gütermann 100/3 gesteppt (Abb. 39).

Dann werden die Falten eingebügelt und danach die Heftfäden herausgezogen; bei empfindlichen Stoffen evtl. die Spuren der Heftfäden nochmals überbügeln.

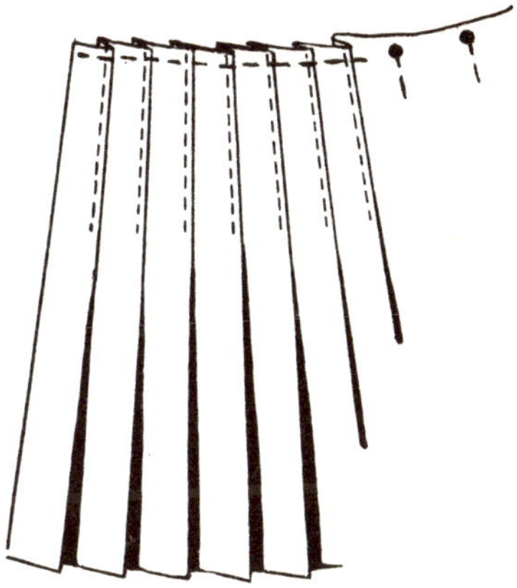

Abb. 40

Für den **klassischen Faltenrock** (Abb. 40) mit durchgehend **gebügelten Falten** geht man bei der Berechnung von der Hüftweite aus und legt die Falten in der Taille tiefer ein. Der Faltenrock liegt so in der Taille und an der Hüfte gut an.

Abb. 41

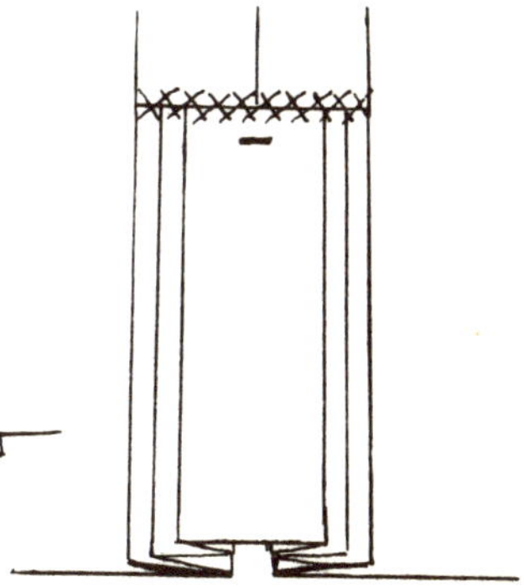

Abb. 42

Die **Fächerfalte** kann 2–3fach sein und wird meistens eingesetzt (Abb. 41). Die doppelt oder dreifach breiten Faltenteile werden 2- bzw. 3mal in Längsrichtung gefaltet und so eingesetzt, daß die Faltenbrüche genau übereinanderliegen. Die Ansatznaht liegt hierbei im Falteninnenbruch (Abb. 42).

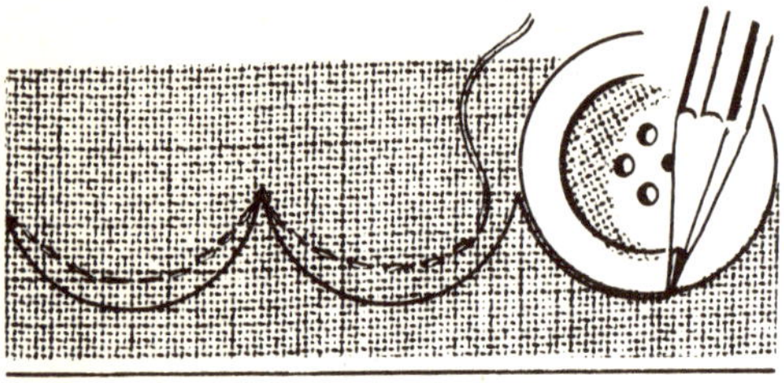

Abb. 43

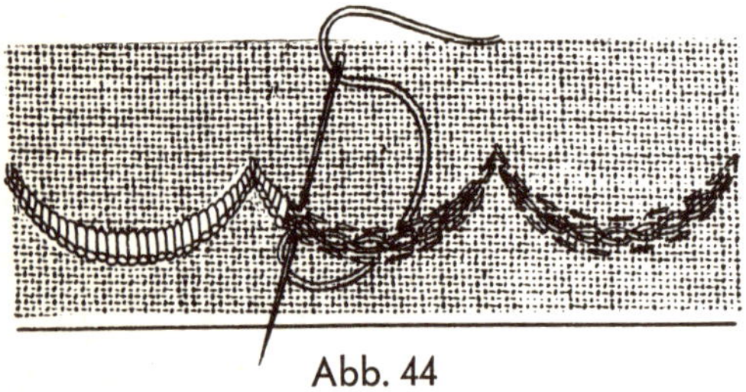

Abb. 44

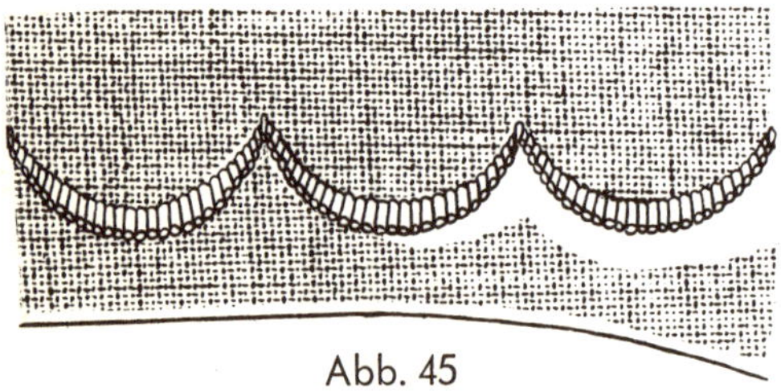

Abb. 45

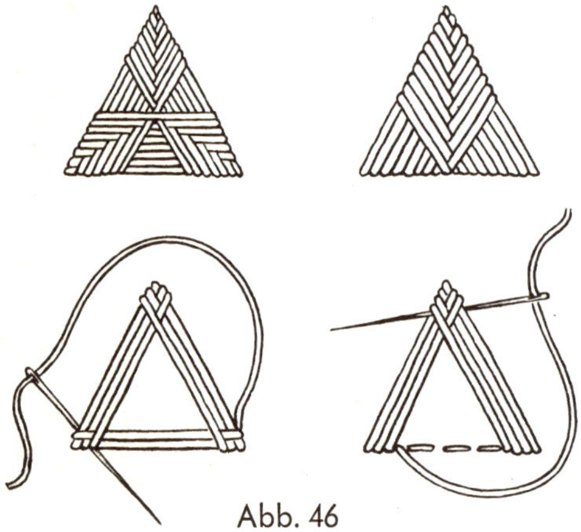

Abb. 46

Festonieren

Bezeichnung für Kanten, die mit Langettenstich (auch Festonstich) eingefaßt sind. Meistens arbeitet man Bogenkanten, die mit einer Bogenschablone vorgezeichnet werden. Bei dünnem Material empfiehlt es sich, den vorgezeichneten Kanten einen Streifen aus gleichem Stoff unterzuheften (Abb. 43). Dickere Stoffe kann man ohne Einlage verarbeiten.

Die aufgezeichneten Bogen werden mit Kettenstich unterlegt und anschließend mit Langettenstich überstickt (Abb. 44). Der überstehende Stoff wird nun vorsichtig mit einer spitzen Schere an der festonierten Kante abgeschnitten, wobei die Stickfäden nicht beschädigt werden dürfen (Abb. 45).

Fliegen

arbeitet man zur Sicherung an Rockfalten oder als Verzierung an Paspeltaschen. Vor dem Nähen zieht man sich ein gleichseitiges Dreieck mit Heftfäden vor. Bei manchen Stoffen genügt auch das Aufzeichnen mit Kreide. Man arbeitet die Fliege am besten mit Gütermann-Knopflochseide 30/3. Die Stiche müssen sehr dicht nebeneinandergenäht werden, so daß die Fäden das Dreieck ganz ausfüllen. Den Arbeitsgang der gebräuchlichsten zwei Fliegen ersehen Sie auf der Zeichnung (Abb. 46).

Formstreifen

werden zum Versäubern von Rundungen an Kleidungsstücken, eckigen oder spitzen Ausschnitten verwendet. In der Form des Ausschnittes – rund, spitz oder eckig – wird eine Formblende genau im Fadenlauf des Kleidungsstückes in 3–4 cm Breite zugeschnitten (Abb. 47). (Verarbeitung siehe Blende.)

Als Schmuck oder Betonung dieser Partien kann man die Formblende auch in andersfarbigem Material auf der rechten Seite in gleichmäßiger Breite mit Gütermann 100/3 aufsteppen. Hierzu wird zunächst die rechte Stoffseite der Formblende auf die linke Seite des Kleidungsstückes gesteppt, gewendet und auf der rechten Seite hohl aufgenäht oder aufgesteppt (Abb. 48).

Bei eckigen Ausschnittformen die Nahtzugaben schräg zur Ecke hin einschneiden.

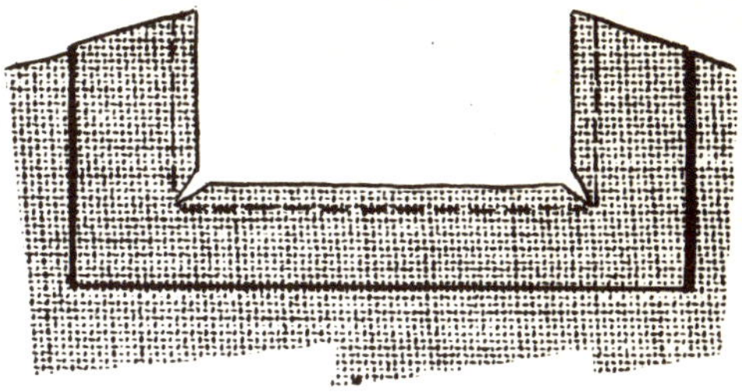

Abb. 47

Abb. 48

Fransen

sollen möglichst in doppelten Stoffrand oder in die Webekante gearbeitet werden. Man wickelt das Garn, aus dem man die Fransen arbeiten will, um einen Streifen fester Pappe und schneidet die eine Seite der Fäden durch, um gleichmäßig lange Fäden zu bekommen. Nun wird eine Häkelnadel durch den Stoffrand gestochen und mit dieser das zur Hälfte zusammengelegte Fadenbüschel kurz durchgezogen. Durch die hochgezogene Schlinge holt man die Fransenenden und zieht die Schlinge wieder fest (Abb. 49).

Man kann nochmals ein halbes Fadenbüschel von zwei nebeneinanderliegenden Fransen zusammenknoten.

An gerade geschnittenen Stoffkanten kann man Fransen arbeiten, indem man eine Anzahl von Fäden (Kette oder Schuß) herauszieht. Es ist ratsam, bei dem sogenannten Ausfransen die Stoffkante zuvor mit der Maschine mit Zickzackstich oder mit Hohlsaumstichen zu befestigen.

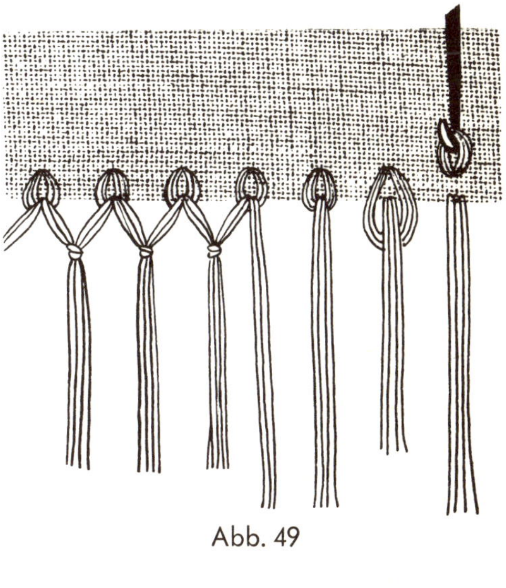

Abb. 49

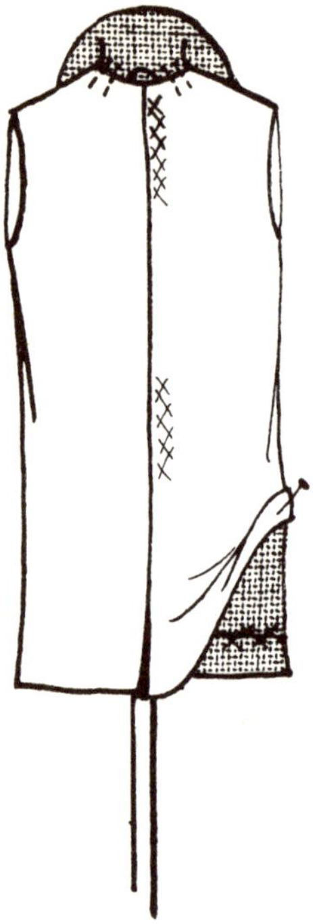

Abb. 50

Futter

wird nach den Schnitteilen des Oberstoffes mit reichlich Nahtzugabe zugeschnitten. Schulter-, Seiten- und Ärmelnähte werden mit der Maschine mit Gütermann 100/3 zusammengenäht. Zum Einstecken des Futters zieht man das Kleidungsstück mit der linken Seite nach außen auf den Körper, eine Schneiderbüste oder hängt es auf einen Kleiderbügel.

Man steckt das Futter zuerst an den Seitennähten unter dem Armloch fest und in der Rückenmitte am Halsloch (Abb. 50) – der Aufhänger wird vorher mit haltbarem Garn Gütermann 30/3 auf der Kragenansatznaht festgenäht. In der Rückenmitte wird das Futter in eine Längsfalte gelegt, um genügend Bewegungsfreiheit zu bekommen.
Den Faltenbruch hält man, wie die Abbildung zeigt, mit Hexenstichen aufeinander fest.

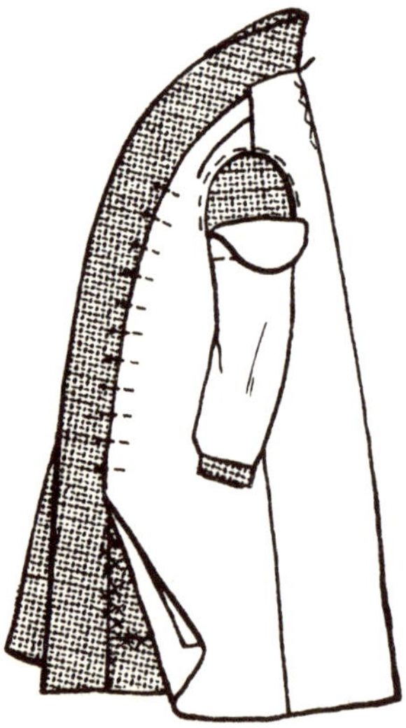

Abb. 51

Nun werden die Vorderteile des Futters an den Belagen der Vorderkanten befestigt. Die Schnittkanten des Futters werden leicht eingekerbt – damit sie sich nicht ziehen –, schmal umgebogen und mit Gütermann 100/3 einstaffiert (siehe mit Staffierstichen nähen) (Abb. 51).

Um die Ärmelausschnitte wird das Futter festgeheftet, die Ärmel des Kleidungsstückes werden nach links gezogen und die Futterärmel darübergestülpt. Das Futter wird an dem unteren Ärmelbelag feststaffiert und leicht nach unten geschoben, damit etwas Überlänge bleibt. Es wird anschließend ca. 10–12 cm unter der Armkugel mit großen Stichen festgeheftet. Diese Stiche nach dem Einstaffieren entfernen. Die eingehaltene Ärmelkugel wird über der Ärmelansatznaht angesäumt (Abb. 52).

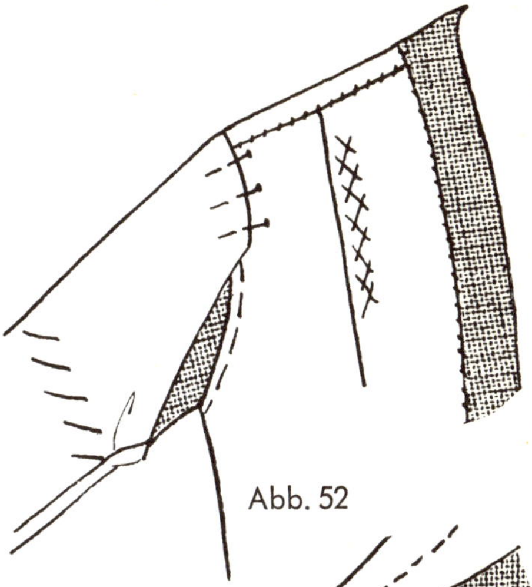

Abb. 52

Das Futter kann beim Mantel lose für sich gesäumt werden. Bandstege, die zwischen Mantel- und Futtersaum gefaßt sind, halten das Futter beweglich fest (Abb. 53).

Bei einer Kostümjacke muß das Futter stets mit etwas Überlänge am unteren Rand angesäumt werden, damit es nicht zieht.

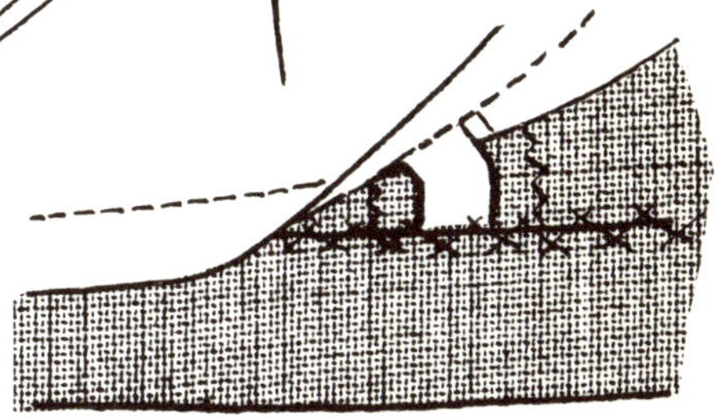

Abb. 53

Das **einknöpfbare Wollfutter** wird mit Druckknöpfen oder Knöpfen im Mantel befestigt, bleibt am Saum lose und ist ärmellos. Die äußeren Kanten des Einknöpffutters werden mit Tresse oder einem Schrägstreifen eingefaßt. Zum Einknöpfen werden Knopflöcher mit der Hand oder mit der Maschine knapp neben dem Einfaß eingearbeitet. Innen im Mantel näht man die entsprechenden Knöpfe an (Abb. 54).

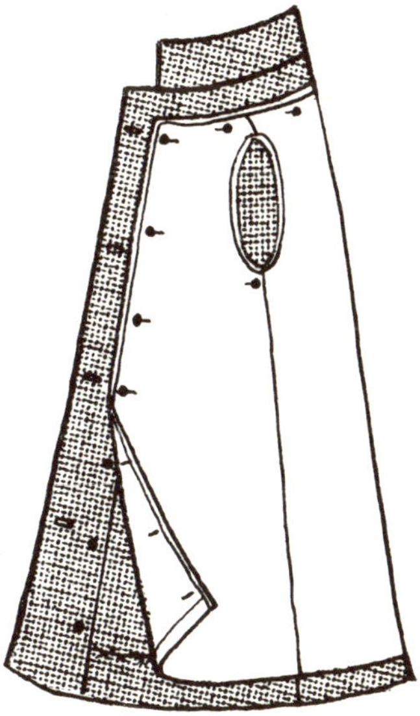

Abb. 54

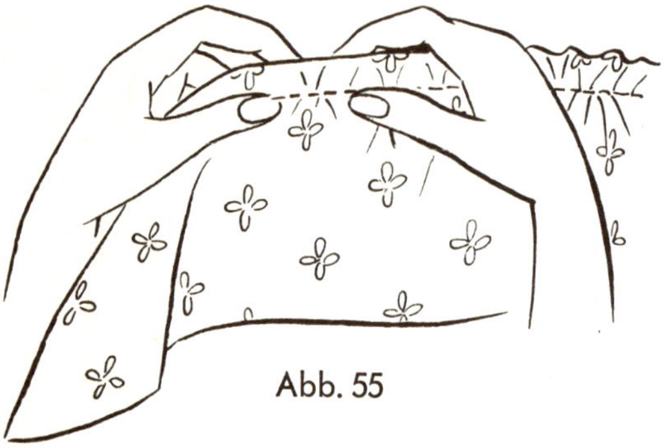

Abb. 55

Gabeln

ist ein Ausdruck für Einreihen mit der Hand, wobei die Nadel nicht aus dem Stoff gezogen wird. Mit kurzer, feiner Nähnadel werden kleine Vorstiche gearbeitet (Abb. 55). Mit Daumen und Zeigefinger beider Hände wird der Stoff gehalten. Dabei bewegt die linke Hand den Stoff vor der Nadel auf und ab, die mit Daumen und Zeigefinger der rechten Hand geführt und mit dem Mittelfinger weitergeschoben wird. Erst am Ende der Reihlinie wird die Nadel aus dem Stoff gezogen.

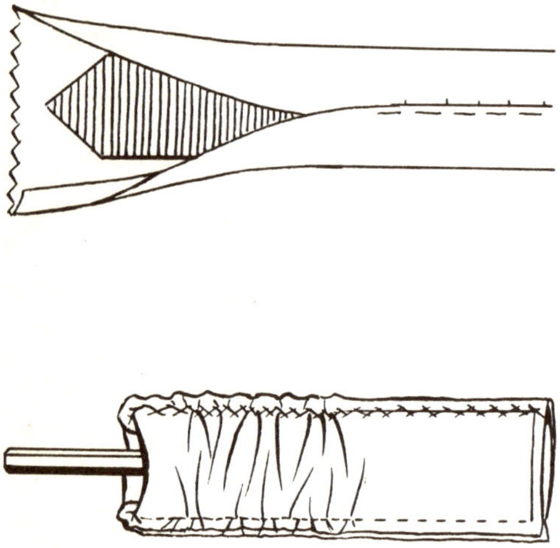

Abb. 56

Gürtel

werden in doppelter Breite mit Nahtzugabe zugeschnitten. Der Stoff wird glatt um die Einlage geheftet, in der Mitte hohl zusammengenäht und die Ränder des Gürtels mit Gütermann 100/3 abgesteppt (Abb. 56).
Für den verstürzt genähten Gürtel wird der Stoff in gleicher Art zugeschnitten, dann zur Hälfte rechts auf rechts gelegt und darüber die Einlage geheftet. Die Längskanten und die Spitze des Gürtels werden mit Gütermann 100/3 zusammengesteppt und die Einlage knapp neben der Stepplinie weggeschnitten.
Zum Wenden des Gürtels steckt man einen Bleistift in die nach innen gestülpte Gürtelspitze, schiebt den Gürtel über den Bleistift und wendet ihn so, daß die linke Seite zusammen mit der Einlage nach innen gekehrt wird.

Gütermann

ist die bekannte Nähseiden-Marke mit Fabriken in acht europäischen Staaten und in Übersee. Der Name Gütermann und das „Schachbrettzeichen“ bieten Gewähr für einen Seidenfaden von gleichbleibend erstklassiger Qualität.

Gütermann 100/3 heißt der Seidenfaden, der sich zum Nähen aller Oberbekleidung aus Wolle, Seide, Baumwolle und mit Synthetics gemischten Geweben vorzüglich eignet. Gütermann gibt es in mehr als 1 000 Farben auf den bekannten 50-m-Röllchen mit dem „Schachbrett".

Nm 100/3 heißt: 100 Meter des Seidenfadens wiegen 3 Gramm, und der Faden ist dreifach gezwirnt. Die Bezeichnung Nm bedeutet „Metrische Nummer". Sie ist die für Seide gebräuchliche. Bei Baumwollfäden kennen wir die „englische Baumwoll-Nummer". Das sogenannte 60er Baumwollgarn entspricht in der Fadendicke (also seinem Querschnitt oder Kaliber) etwa der Nähseide 100/3. Ein Seidenfaden Nm 130/3 entspricht in seiner Fadendicke etwa dem 75er Baumwollgarn. Bei gleicher Fadendicke ist aber der Seidenfaden merklich stärker in der Haltbarkeit, und zwar dank seiner größeren Elastizität.

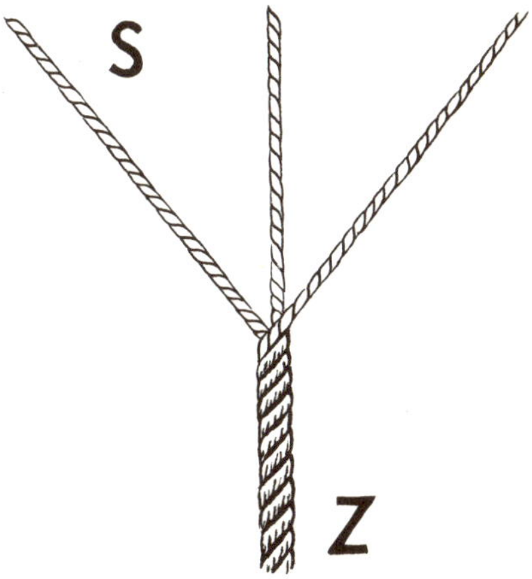

Gütermann-Knopflochseide gibt es in den Stärken Nm 30/3 und 40/3. Mit Knopflochseide von Gütermann gelingen die Knopflöcher schnell und fein, sie sehen tadellos aus und bleiben eine Zierde des Kleidungsstückes.

Gütermann für unterwegs heißt das beliebte „Handtäschchen" mit dem Nähzeug für die Handtasche der Dame. Der Seidenzopf bietet 21 Farben, nähfertig zu 50 cm Länge geschnitten. Außerdem enthält es Fingerhut, Einfädler, Nähnadeln und Sicherheitsnadeln.

Mara heißt der neue Faden für Stoffe aus Synthetics wie Trevira, Nylon, PERLON, Dralon, Orlon und Diolen. Er wird auch viel für das Gardinen-Nähen verwendet. Mara ist ein schappegesponnener Polyesterfaden und besitzt eine der Seide ähnliche Elastizität.

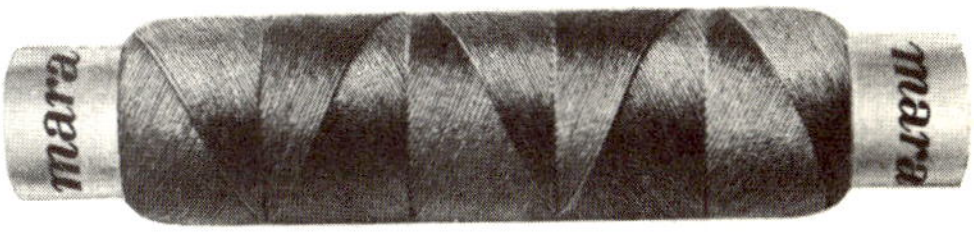

Gummismok

siehe Smok.

Gurtband

gibt es in verschiedenen Ausführungen, z. B. mit eingewebten Stäbchen aus Fischbein oder mit eingewebten Gummifäden (Gummigurtband). Gurtband wird von rechts unsichtbar in den oberen Rockrand gearbeitet. Es gibt verschiedene Arten der Verarbeitung.

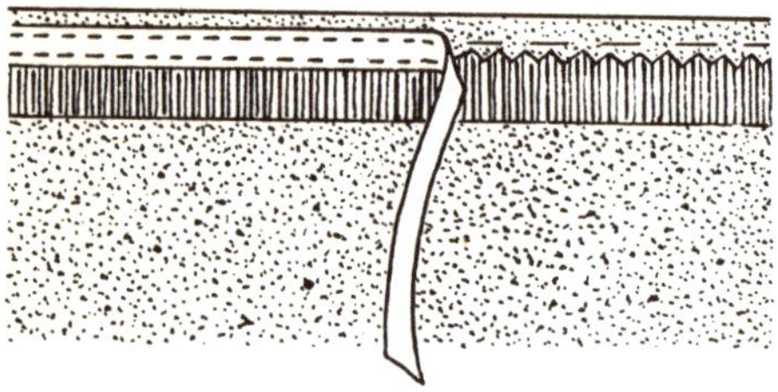

Abb. 57

1. Die Nahtzugabe des oberen Rockrandes wird um das Gurtband geschlagen, mit Heftstichen befestigt und mit Gütermann 100/3 auf das Gurtband gesteppt (Abb. 57). Etwa ½ cm über der eben ausgeführten Steppnaht wird ein in der Farbe passendes Nahtband aufgeheftet, dessen Kanten entweder schmalkantig mit Gütermann 100/3 aufgesteppt oder hohl aufgenäht werden.

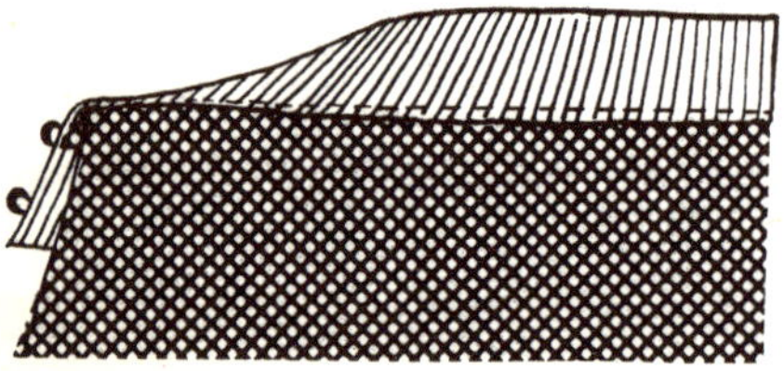

Abb. 58

2. Sehr praktisch und bequem sind **Gummigurtbänder.** Sie verhindern das Herausrutschen der Blusen, da sie sich gut anschmiegen, schnüren die Taille aber nicht ein. Das Gurtband wird von rechts, genau entlang der Taillenlinie, ganz knappkantig mit Gütermann 100/3 aufgesteppt, dabei wird es leicht gedehnt (Abb. 58). Die Schnittkante des oberen Rockrandes liegt jetzt zwischen Rockstoff und Gurtband und wird bei dieser Art der Verarbeitung zur Versäuberung nur mit Gütermann 100/3 umschlungen.

Abb. 59

Heute verarbeitet man den oberen Rockrand gern mit einem **Taillenbund.** Als Einlage wird hierfür einfaches Gurtband verwendet (Abb. 59). (Verarbeitung siehe Rockbund.)

Haken

und Ösen müssen immer auf doppelten Stoff genäht werden, da die Annähstiche auf der Vorderseite nicht sichtbar sein dürfen. Bei umgeschlagenen Rändern ist es ratsam, einen Einlagestreifen einzuarbeiten. Die Haken werden kurz hinter der Stoffkante mit Gütermann 100/3 angenäht, die Rundungen der Ösen stehen etwas über die Kante. Die beim Gurtband am Übertritt angenähten Haken und am Untertritt befestigten Ösen erhalten zur Versäuberung ein übergesäumtes Nahtband (Abb. 60).

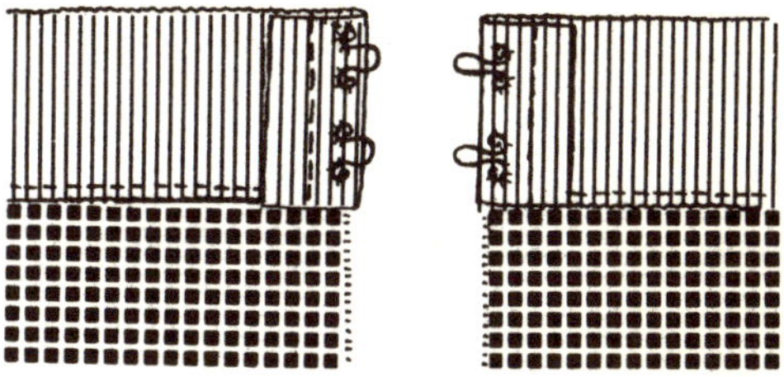

Abb. 60

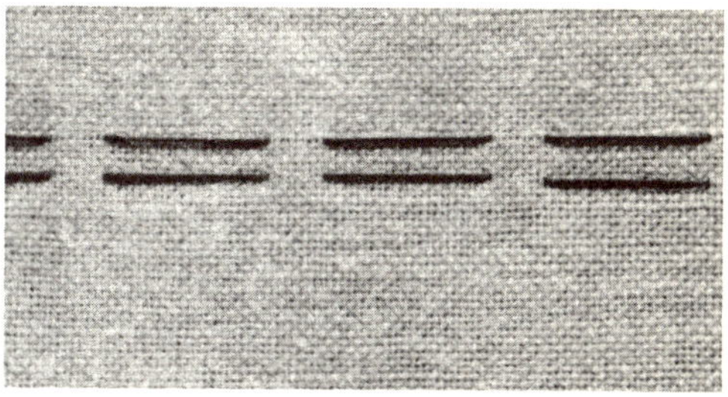

Abb. 61

Handgelaschte

Nähte werden mit Vorstichen gearbeitet. An Kragen, Taschen und Verschlußrändern wird diese Verzierungsnaht oft in einer Kontrastfarbe mit Gütermann 30/3 oder Stickgarn genäht. Die Stiche müssen sehr gleichmäßig sein und die Stichlängen größer als die Zwischenräume, jedoch nicht länger als 1 cm. Lederhandschuhe kann man auch mit handgelaschten Nähten arbeiten (Abb. 61).

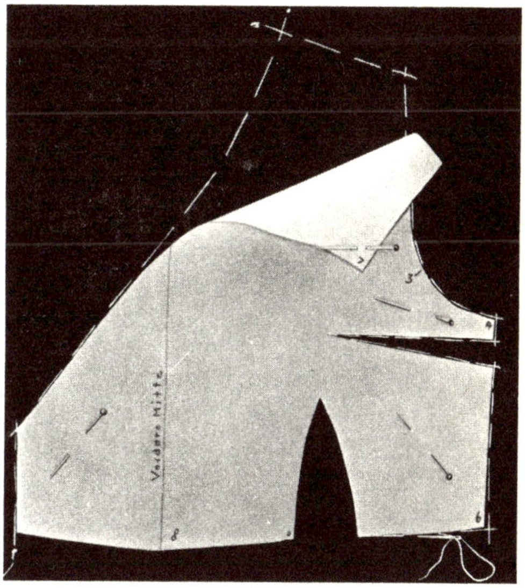

Abb. 62

Handstiche

sind mit der Hand ausgeführte Nähstiche.

1. **Eilstiche** nennt man Vorstiche (siehe Vorstiche), bei denen große Stichlängen auf der Oberseite sichtbar sind und nur wenig Stoff mit der Nadel aufgenommen wird. Man arbeitet sie, um Konturen und Zeichen auf dem Stoff zu markieren (Abb. 62).

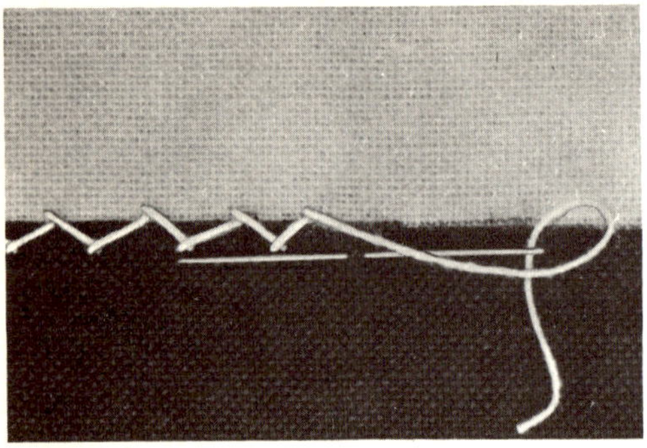

Abb. 63

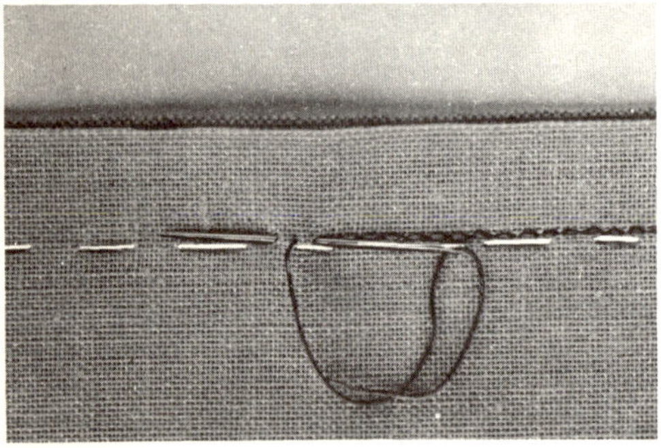

Abb. 64

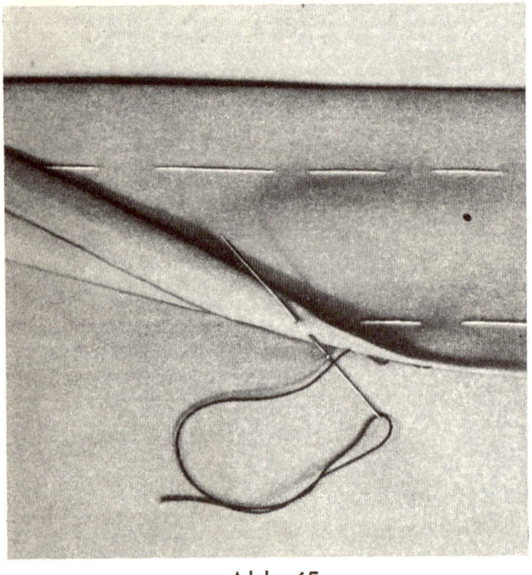

Abb. 65

2. **Heftstiche** siehe Vorstiche.

3. **Hexenstiche** werden als Zierstiche für Handarbeiten verwendet. Beim Schneidern werden sie dort gearbeitet, wo man zwei Stofflagen aufeinander befestigen will, ohne daß der Nahtrand eingeschlagen wird. Wenn der Hexenstich dicht nebeneinander gearbeitet wird, bildet er gleichzeitig eine Nahtrandversäuberung (Abb. 63). Hexenstiche arbeitet man von links nach rechts. Mit der Nadel faßt man mit Rückstich einige Fäden des oberen Stoffes, dann schräg rechts darunter mit Rückstich einige Fäden des unteren Stoffes, so daß sich die Nähfäden dabei immer kreuzen.

4. **Hinterstiche** siehe Rückstiche.

5. **Rückstiche** werden auch **Hinterstiche** oder **Steppstiche** genannt. Mit einem Vorstich wird dieser Stich begonnen, die Nadel ist dann mit Rückstich in die Einstichstelle zurückzustechen, ist unter den Stoff um die doppelte Länge vorzuführen und auszustechen. Dieser Stich wird aneinandergereiht wiederholt (Abb. 64).

6. **Saumstiche** werden von rechts nach links gearbeitet. Mit der Nadel werden ein oder zwei Fäden des Stoffes unter dem Saumumschlag aufgenommen. Die Nadel wird dann schräg darüber in die Saumumschlagkante geführt, wobei nur wenig Stoff gefaßt werden darf. Die Saumstiche haben eine leichte Schräglage (Abb. 65).

7. **Staffierstiche** sind kleine Stiche, mit denen hohl genäht wird, (d. h. unsichtbar etwas annähen). Die Nadel wird zunächst durch die oben liegende Stofflage geführt. Nach dem Ausstich werden senkrecht darunter wenige Fäden der unteren Stofflage aufgenommen und die Nadel wieder in der oberen Stofflage entlang geführt. Dabei darf der Faden nicht fest angezogen werden (Abb. 66).

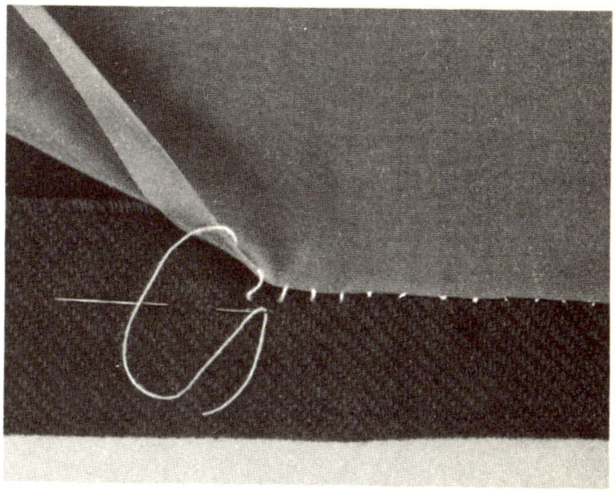

Abb. 66

8. Mit **überwendlichen Stichen** näht man häufig Stoffteile zusammen, die eine Webekante haben. Die Webekanten werden rechts auf rechts zusammengeheftet und mit kleinen, dicht nebeneinanderliegenden Stichen übernäht. Hierbei darf der Faden nicht zu straff angezogen werden (Abb. 67).

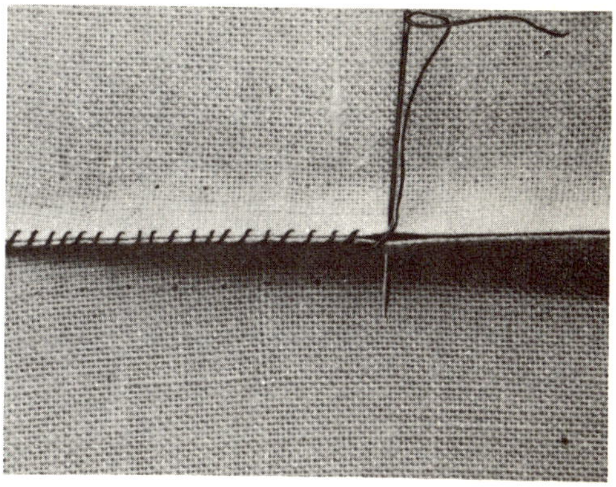

Abb. 67

9. **Vorstiche** sind kleine, ca. ½ cm lange Stiche, die auf und ab durch den Stoff gezogen werden, so daß der Faden im Wechsel einmal auf der Oberseite und einmal auf der Unterseite des Stoffes liegt. Eine Heftnaht wird mit Vorstichen gearbeitet.

Heften

mit loser Naht zwei oder mehrere Stoffteile an- oder aufeinander befestigen. Für die erste Anprobe werden alle Schnitteile – entsprechend den Angaben des Schnittes – rechts auf rechts treffend aufeinandergesteckt und dann mit Heftgarn und mit kleinen Vorstichen zusammengeheftet. Heftfäden werden nach dem Steppen der Nähte herausgezogen (Abb. 68).

Abb. 68

Hexen

ist das Arbeiten einer Naht mit Hexenstichen (siehe Handstiche, Hexenstich).

Hohl annähen

nennt man mit unsichtbaren Stichen genähte Nähte und Säume, die mit Staffierstichen gearbeitet werden.

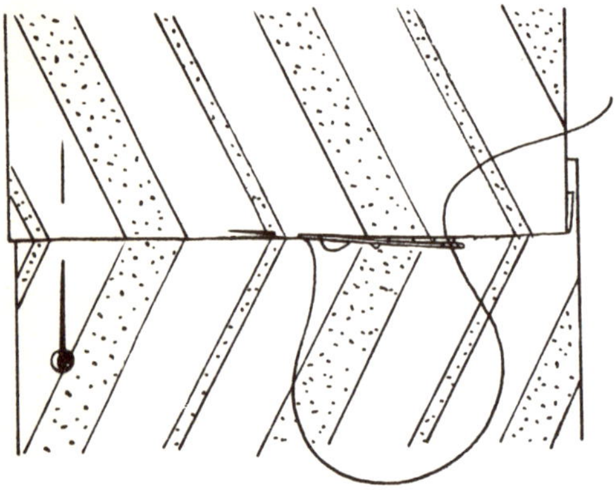

Abb. 69

Hohl heften

Gestreifte oder karierte Stoffe, deren Muster in der Naht genau aufeinandertreffen sollen, werden von der rechten Seite hohl geheftet. Die eine Stoffkante wird nahtbreit umgeschlagen und auf die untere Stofflage genau im Muster aufgesteckt, dann geheftet. Die Nadel wird einmal im Bruch der oberen Stofflage entlang geführt, unter dem Ausstich senkrecht in die untere Stofflage und unter dieser weitergeführt usw. (Abb. 69).

Hosenschlitz

siehe Schlitze.

Hosentasche

siehe Tasche.

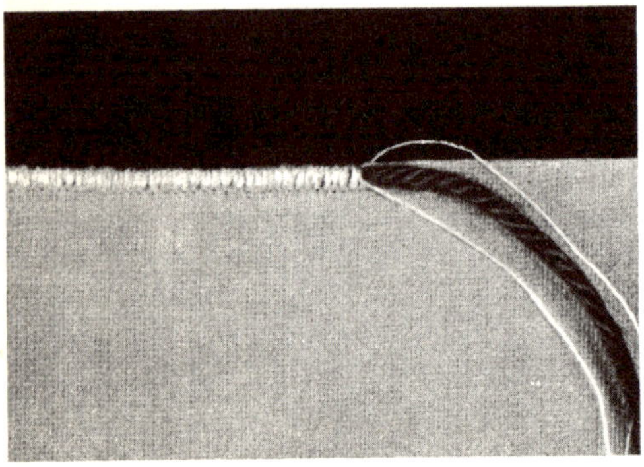

Abb. 70

Keil einsetzen

siehe Zwickel.

Kordonieren

Mit der Maschine im Zickzackstich einen dicken Faden oder ein schmales Bändchen übersticken, welches durch das Kordonierfüßchen gezogen mitgeführt wird. Randkanten z. B. an kleinen Decken werden auf diese Weise ausdrucksvoll befestigt (Abb. 70).

Knöpfe

dienen zur Zierde und als Verschluß eines Kleidungsstückes. Sie müssen immer mit haltbarem Garn auf doppelten Stoff – besonders geeignet ist Gütermann 30/3 – genäht werden. Ist das nicht möglich, so wird ein kleines Stück Stoff oder ein Unterknopf mitgefaßt. Flache Knöpfe müssen, um sie leichter auf- und zuknöpfen zu können, mit einem Stiel angenäht werden. Hierfür wird der Knopf beim Annähen etwas hochgehalten, um lange Stiche zu erzielen. Diese Stiche werden dicht umwickelt und der Faden gut vernäht. Knöpfe können auch mit der Maschine mit Zickzackstich angenäht werden. Bei Wäschestücken, deren Knöpfe nicht mit Stiel angenäht werden, erspart man so viel Zeit (Abb. 71).

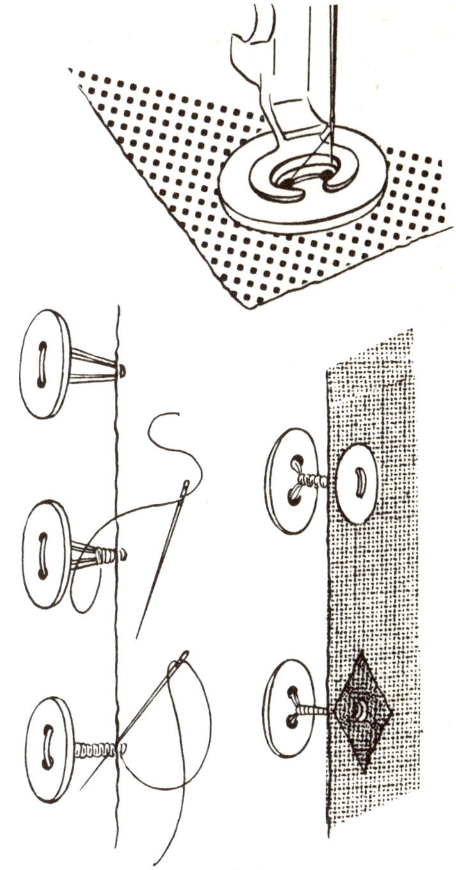

Abb. 71

Knopflöcher

werden bei Damengarderobe in die rechte Seite, bei Herrenkleidung in die linke Seite gearbeitet. Geschürzte Knopflöcher werden zuletzt am Kleidungsstück angebracht. Gepaspelte näht man ein, ehe die vorderen Kanten belegt werden. Wäsche, Sommerkleider und Blusen erhalten in der Regel geschürzte Knopflöcher.

Das **einfache, geschürzte Knopfloch** wird mit Gütermann Näh- oder Knopflochseide, bei Wäsche mit Stickgarn ausgenäht. Es wird stets in doppelten Stoff eingeschnitten. Vor dem Schürzen mit dem Knopflochstich muß man die Schnittränder umstechen.

Geschürzte Knopflöcher, die auch oft senkrecht in Leisten angebracht werden, erhalten an beiden Enden einen Schürzriegel. Man kann aber auch das an der Knopfstelle liegende Ende des Knopfloches strahlenförmig mit Schürzstichen ausnähen und nur am gegenüberliegenden Ende einen Riegel arbeiten (Abb. 72).

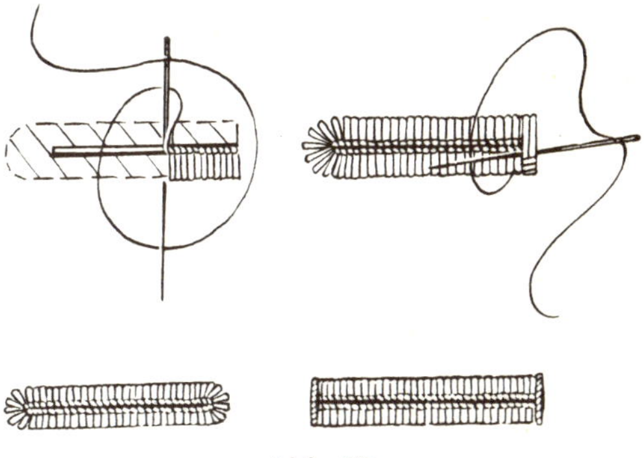

Abb. 72

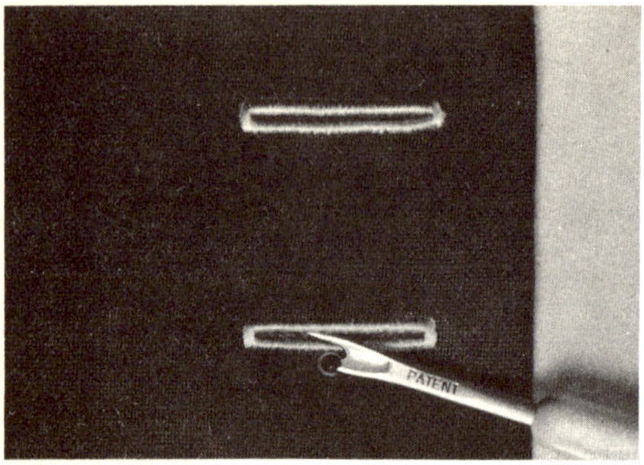

Abb. 73

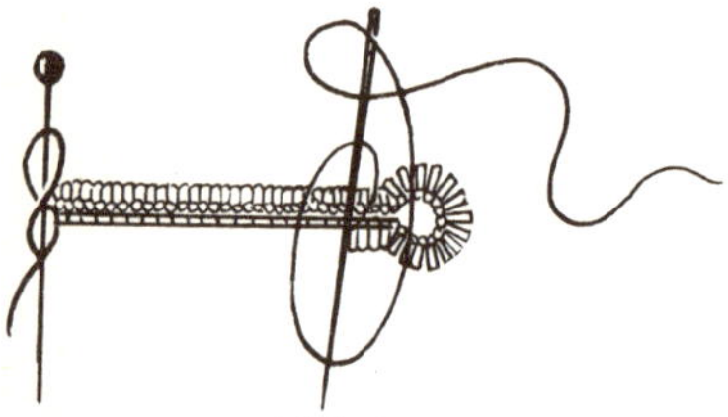

Abb. 74

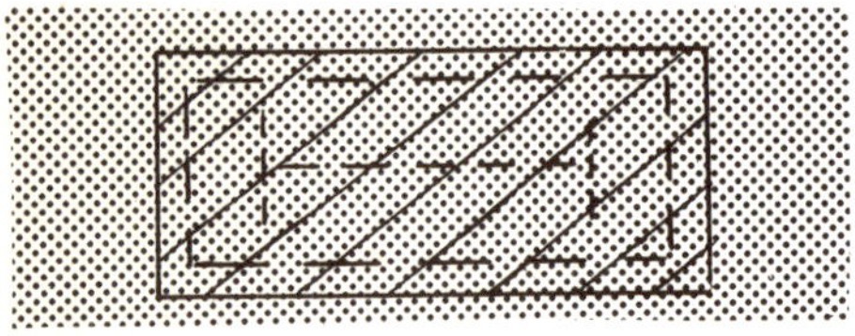

Abb. 75

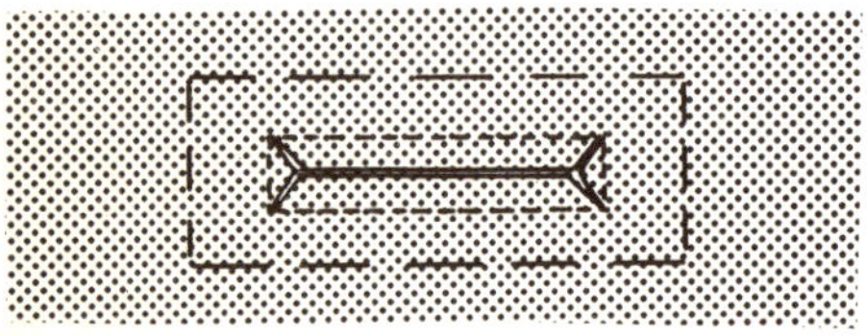

Abb. 76

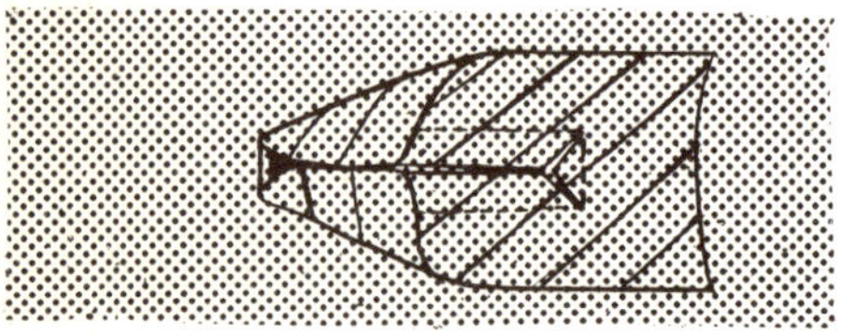

Abb. 77

Mit der **Nähmaschine genähte Knopflöcher**
Hierbei werden die Knopflochränder mit dichten Zickzackstichen überstickt, zur größeren Festigkeit wird dabei ein Einlegefaden mitgeführt. Auch die Querriegel werden von mehreren Zickzackstichen gebildet. Zwischen den beiden Sticklinien dann das Knopfloch vorsichtig aufschneiden (Abb. 73).

Das Schneiderknopfloch arbeitet man in stärkerem Stoff. Es empfiehlt sich, das an der Knopfstelle liegende Ende des Knopfloches kreisrund auszuschneiden und die Schürzstiche strahlenförmig um die Rundung zu legen. Die Stiche werden über Perlgarn oder Gimpe genäht. Das entgegengesetzte Ende wird mit kleinen Querriegeln aus Seide abgeschlossen (Abb. 74).

Beim **gepaspelten Knopfloch** beginnt man damit, sich die Stelle und die Länge des Knopfloches mit Heftstichen so zu bezeichnen, daß die Markierung auf beiden Seiten des Stoffes zu sehen ist (Abb. 75).
Das Rechteck des Einfaßstoffes muß im schrägen Fadenlauf geschnitten und vor dem Nähen unter feuchtem Tuch in die Länge gebügelt werden. Das Teil wird auf die rechte Stoffseite geheftet (Abb. 76). Auf der linken Seite steppt man mit Gütermann 100/3 in 2–3 mm Entfernung an der Markierungslinie entlang, dann 3–4 Stiche quer am Knopflochende, anschließend die zweite Längsseite und wieder 3–4 Stiche quer. Zur Befestigung des Nähfadens werden noch 3–4 Stiche über die schon gesteppten Stiche genäht. Bis drei oder vier Millimeter vor die Quersteppnähte wird das Knopfloch eingeschnitten und von da sorgsam bis in jede der vier Ecken dicht an die Steppfäden, ohne diese zu treffen (Abbildung 77).
Das Stoffteil für den Paspel wird durch den Einschnitt nach links gezogen. Die Nahtzugaben müssen alle nach außen liegend vom Einschnitt weg gebügelt werden.

Der Einfaßstoff wird von beiden Seiten in gleichmäßiger Breite als Paspel vorgeschoben. Dabei müssen sich an den Quersteppllinien kleine Quetschfalten bilden. Die gegeneinanderstoßenden Paspelkanten werden zusammengeheftet (Abb. 78). Der Paspel wird von rechts mit der Hand mit kleinen Stichen mit Gütermann 100/3 in der Stepplinie festgenäht (Abb. 79).

Abb. 78

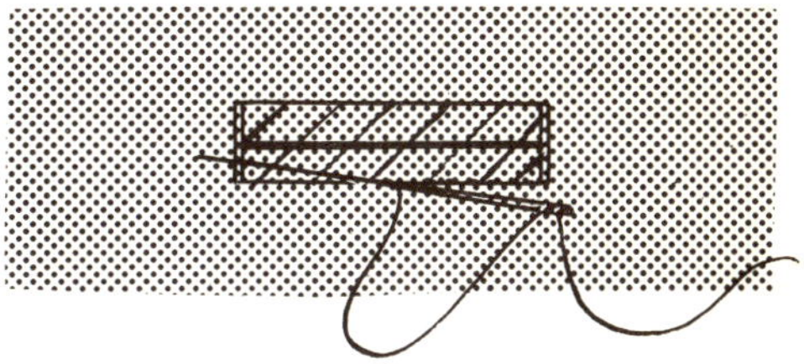

Abb. 79

Der Einfaßstoff wird innen leicht angehext (Abb. 80). Der innen übergelegte Belag wird über den Knopflöchern etwas länger als diese eingeschnitten, oval eingeschlagen und mit Gütermann 100/3 festgesäumt (Abb. 81).

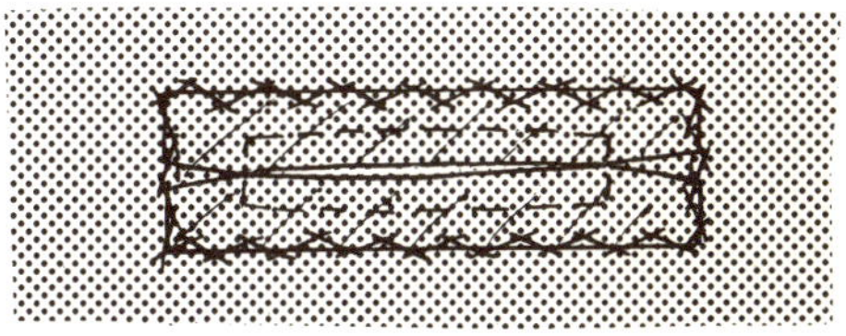

Abb. 80

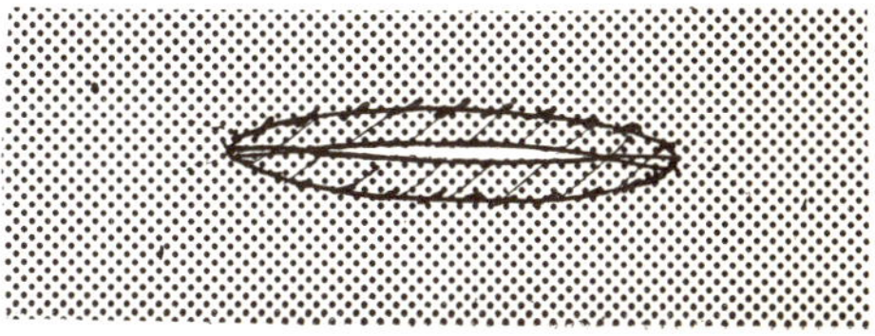

Abb. 81

Eingefaßte Knopflöcher werden in der gleichen Arbeitsweise angefertigt, nur werden statt des Stoffpaspels Tresse oder Leder zum Einfassen genommen. Die Tressen oder Lederstreifen können aber an den kurzen Quernähten nicht vernäht werden. Deshalb sind beide Querränder durch Riegel zu sichern.

Kräuseln

oder Einreihen der Stoffpartien kann man mit der Maschine oder mit der Hand ausführen (Abb. 82).

1. Mit der Hand werden in die im Schnitt bezeichneten Stoffpartien eine oder mehrere Reihen kleiner Vorstiche gezogen und der Stoff durch Anziehen der Fäden auf die gewünschte Weite zusammengeschoben.

2. Zum Kräuseln mit der Maschine stellt man den Stich auf 5 mm ein, steppt zwei oder mehrere Reihen in gleichem Abstand und zieht die Unterfäden an, bis die Kräuselei die richtige Weite hat.

Damit sich die angezogenen Fäden bei der Anprobe nicht lockern können, wickelt man sie um eine quer zu den Reihlinien eingesteckte Nadel.

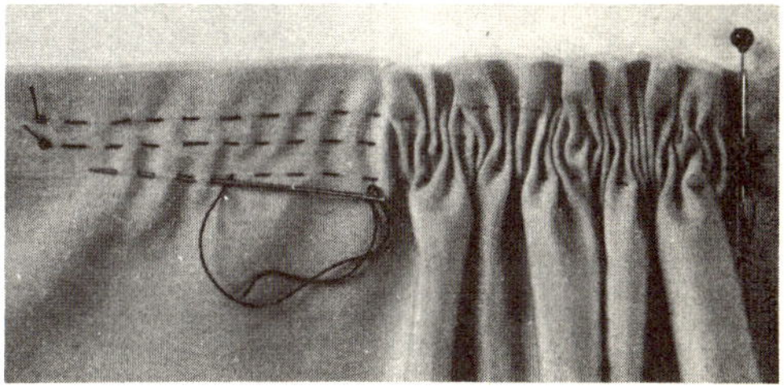

Abb. 82

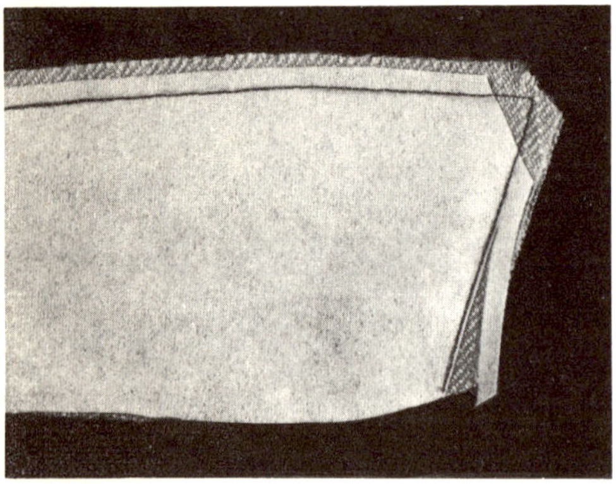

Abb. 83

Kragen

sollen fertig genäht sein, bevor sie dem Halsausschnitt angesetzt werden. Bei leichten Stoffen, deren Nähte sich leicht durchdrükken, ist es ratsam, eine Einlage einzuarbeiten. Beim Einarbeiten einer Einlage werden die Kragenteile rechts auf rechts aufeinandergesteckt und über den Oberkragen die Einlage geheftet.

Ober- und Unterkragen (der Unterkragen etwas knapper und meistens im Schrägfadenlauf zugeschnitten, damit sich der Kragen schön nach außen legt) werden an drei Seiten verstürzt zusammengenäht.
Damit die Kanten möglichst flach liegen, wird die Nahtzugabe der Einlage knapp neben der Steppnaht abgeschnitten und die übrigen Nahtzugaben gleichmäßig breit beschnitten und an den Ecken schräg abgeschnitten (Abbildung 83).

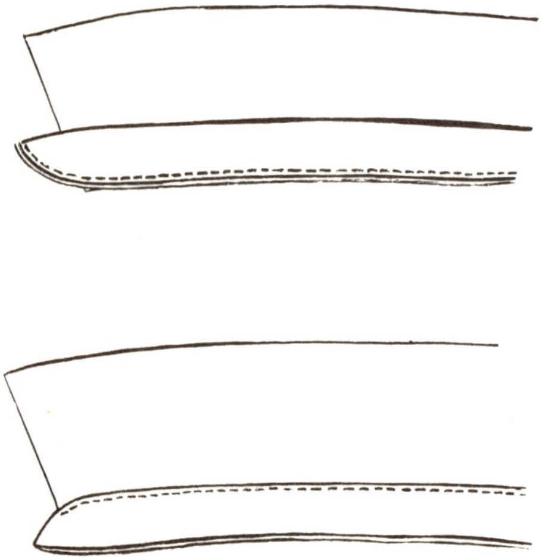

Abb. 84

Der **Bündchenkragen** besteht aus dem Kragen selbst und dem in doppelt gelegtem Stoff zugeschnittenen Bündchen. Die offene Kante des Kragens wird beim Verstürzen des Bündchens zwischengefaßt, das Bündchen nach unten geschlagen, die Naht ausgestreift. Die innere Stofflage des Bündchens wird dem Halsausschnitt mit Gütermann 100/3 angesteppt, die äußere darübergeheftet und rechts schmalkantig aufgesteppt (Abb. 84).

Der **einfache Hemdblusenkragen** wird, wenn er offen getragen werden soll, mit seinem Oberkragen dem Halsausschnitt angesteppt und der Unterkragen hohl gegengesäumt.
Bei hochgeschlossenen Kragen ist der Arbeitsgang genau umgekehrt: Erst wird der Unterkragen angesteppt und dann der Oberkragen am inneren Halsrand gegengesäumt.

Rundgeschnittene Kragen werden mit einem Schrägstreifen angesetzt. Den fertigen Kragen und den Schrägstreifen heftet man von rechts auf den Halsausschnittrand und steppt mit Gütermann 100/3 den Kragen und Schrägstreifen zusammen an. Der über die Nahtzugaben gelegte Schrägstreifen wird innen mit möglichst unsichtbaren Stichen angesäumt (Abb. 85).

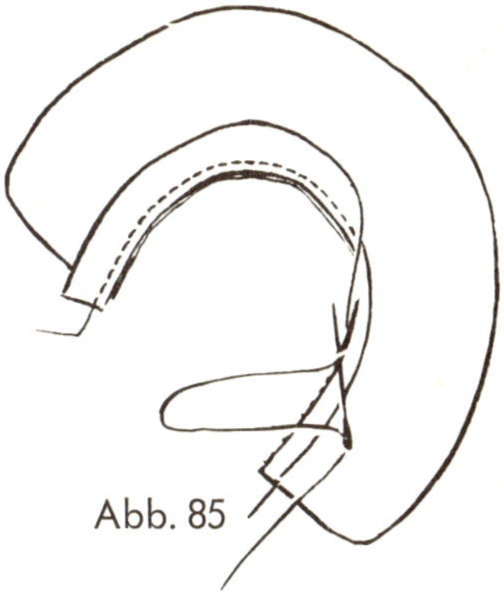
Abb. 85

Bei **Reverskragen und Schalkragen** in einfacher Schalform oder mit Bogenteilung setzt man den Unterkragen als Extrateil an das Halsloch. Der Belag ist in einem Teil geschnitten. Wenn der Unterkragen an das Halsloch genäht ist, wird diese Ansatznaht auseinandergebügelt. Hierbei wird die Nahtzugabe des rückwärtigen Halsloches an mehreren Stellen leicht eingekerbt, damit sie sich nach unten legt. Den Belag legt man glatt darüber (Abb. 86).

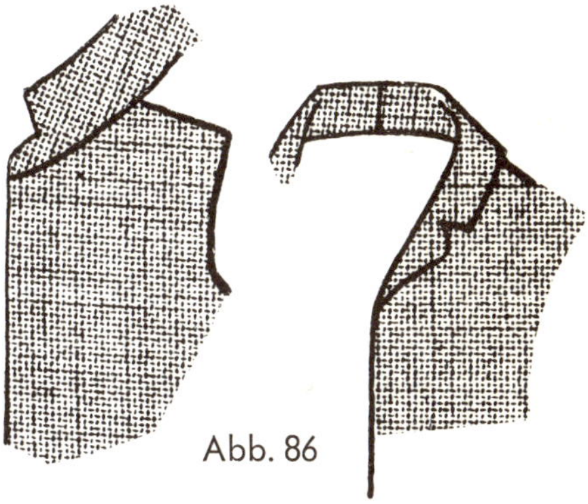
Abb. 86

Besonders muß man auf den Punkt achten, an dem Halslochnaht und Schulternaht zusammenstoßen. Bis zu diesem Punkt soll der Reversbelag eingeschnitten werden, damit er sich zwanglos legt. Der Belag wird dann noch am Rückenhalsloch und ein paar Zentimeter an der Schulternaht angesäumt.

Beim **angesetzten Reverskragen** werden zunächst die vorderen Verschlußränder mit den Belagteilen bis zum Kragenansatzpunkt verstürzt mit Gütermann 100/3 angenäht. Die Nahtzugabe wird am Kragenansatzpunkt bis zur Stepplinie eingeschnitten, die Belage werden nach links gewendet und gut ausgebügelt (Abb. 87).

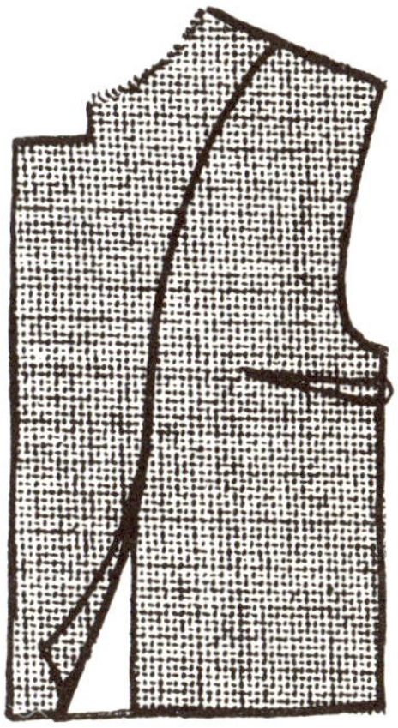
Abb. 87

Nun wird die rechte Stoffseite des Unterkragens (der Kragen wurde zuvor über Einlage verstürzt genäht) auf die rechte Stoffseite des Mantels gesteppt. Die Naht wird

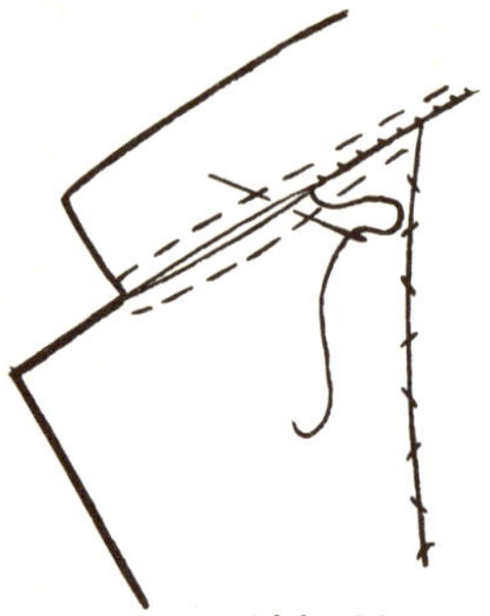

Abb. 88

auseinandergebügelt und die Nahtzugabe des Kragens an der Einlage des Unterkragens leicht angehext. Der Nahtrand des Rückenhalsloches wird leicht eingekerbt, damit er sich schön flachlegt. Die Nahtzugabe des Oberkragens wird an den Schulternahtpunkten eingeschnitten und der Oberkragen mit Rückstichen an der Kragenansatznaht in Länge des Rückenhalsloches befestigt.
Die Kanten des Oberkragens (bis zum Schulternahtpunkt) und des Belages werden exakt nach innen umgeheftet, so daß sie genau gegeneinanderstoßen. Mit kleinen unsichtbaren Handstichen werden beide Brüche gegeneinander genäht (Abb. 88).

Kurbeln

Nähen mit der Maschine in Zickzackeinstellung. In manchen Gegenden nennt man das Nähen mit Zickzackstich auch endeln.

Abb. 89

Markieren

Versehen des Stoffes mit allen Zeichen und Konturen, die auf dem Schnitt angegeben sind. Es gibt verschiedene Methoden dafür.

1. Durchschlagen mit Schlingenstichen ist die genaueste (siehe Seite 17).
2. Mit Schneiderkopierpapier, welches auf die linke Seite des Stoffes unter den Papierschnitt gelegt wird. Dabei werden Zeichen und Konturen mit dem Kopierrad durchgeradelt (Abb. 89). Bei Teilen mit Stoffbruch auch gegen die untere Stoffschicht Kopierpapier legen.
3. Mit Schneiderkreide lassen sich Zeichen und Konturen auf den Stoff zeichnen. Beim Abzeichnen auf ein zweites Schnitteil die bekreidete Seite darüberlegen und durch Abklopfen darauf übertragen (Abb. 90).

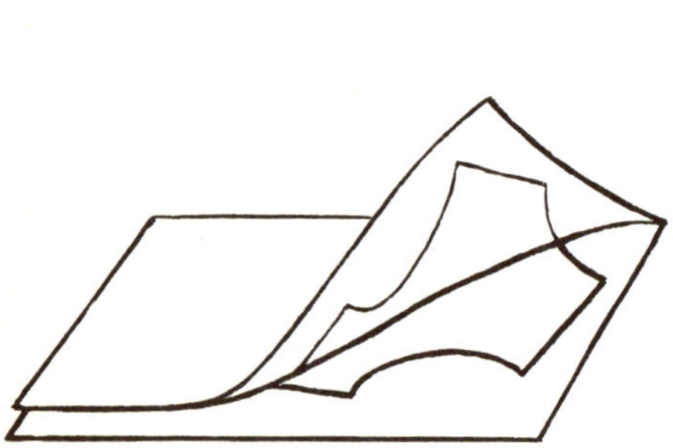

Abb. 90

Ausführlich berichten wir darüber in Teil 2 „Das Zuschneiden".

Miederband
siehe Gurtband.

Naht

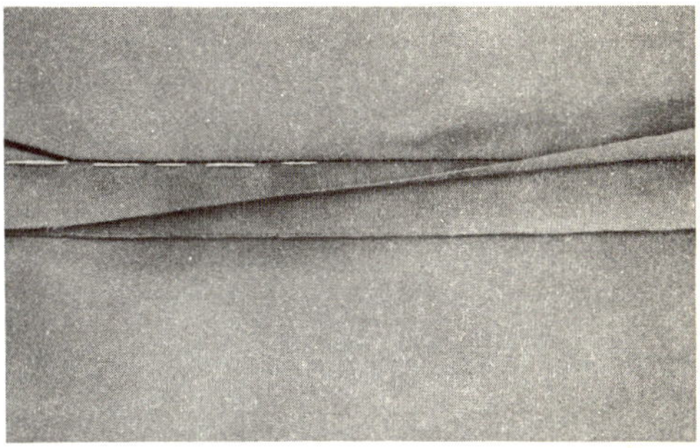

Abb. 91

1. Eine **Flachnaht** verbindet zwei Stoffteile durch eine Stichreihe miteinander. Die Stofflagen werden rechts auf rechts geheftet und knapp neben dem Heftfaden mit der Maschine mit Gütermann 100/3 gesteppt. Die Naht wird anschließend flach auseinandergebügelt (Abb. 91).

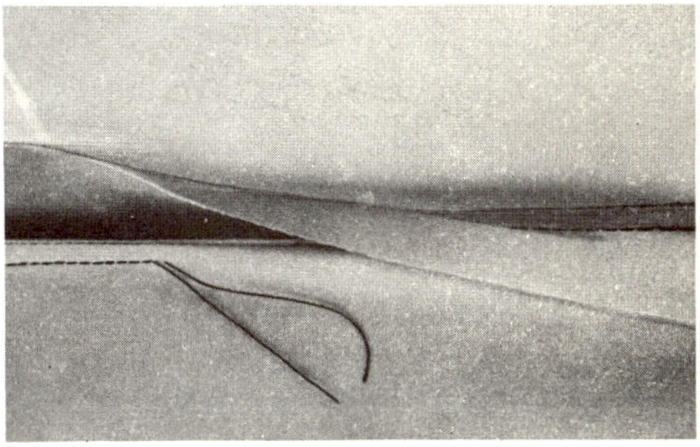

Abb. 92

2. Bei der **französischen Naht** oder Doppelnaht werden zunächst beide Stofflagen links auf links zusammengesteppt, die Nahtränder schmal abgeschnitten, die Stoffteile werden gewendet und die Naht gut ausgestrichen. Nun werden die Stoffteile rechts auf rechts liegend festgesteckt und die zweite Naht so ausgeführt, daß die Nahtränder der ersten Naht eingeschlossen werden. Es dürfen keine Fädchen der Schnittkante heraussehen (Abb. 92).

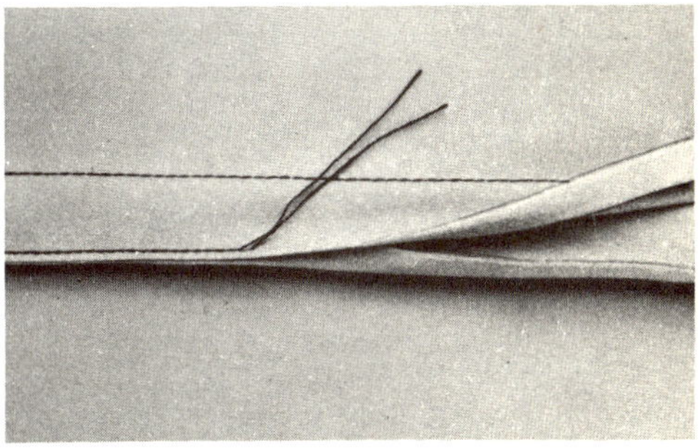

Abb. 93

3. Bei der **falschen französischen Naht** werden die Stofflagen rechts auf rechts mit ca. 2 cm breiten Nahträndern zusammengesteppt. Die Kanten der Nahtränder werden gegeneinandergeschlagen und zusammengesteppt (Abb. 93).

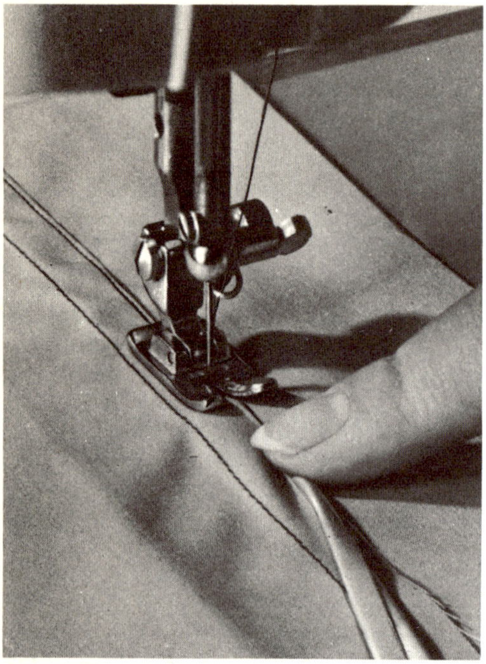

Abb. 94

4. Für die **flache Kappnaht** werden zunächst die Stoffteile rechts auf rechts zusammengesteppt. Der Nahtrand der oberen Stofflage wird ca. ½ cm zurückgeschnitten und der untere Nahtrand um die zurückgeschnittene Kante geschlagen und schmalkantig aufgesteppt. Hierbei müssen die Stofflagen flach ausgebreitet auf die Maschine gelegt werden (Abb. 94).

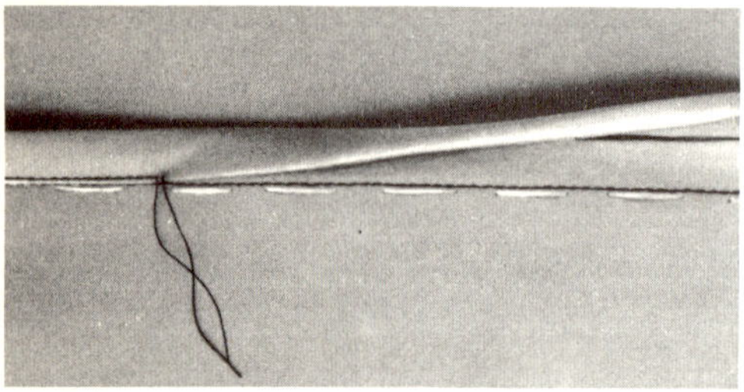

Abb. 95

5. Bei einer **hochstehenden Kappnaht** werden die beiden Stofflagen so zusammengeheftet, daß der untere Stoffrand 1 cm vorsteht. Dieser vorstehende Nahtrand wird schmal umgebogen und um die zurückliegende Kante geschlagen, dann schmalkantig festgesteppt, so daß die Naht auch in einem Arbeitsgang ausgeführt werden kann und später hochsteht (Abb. 95).

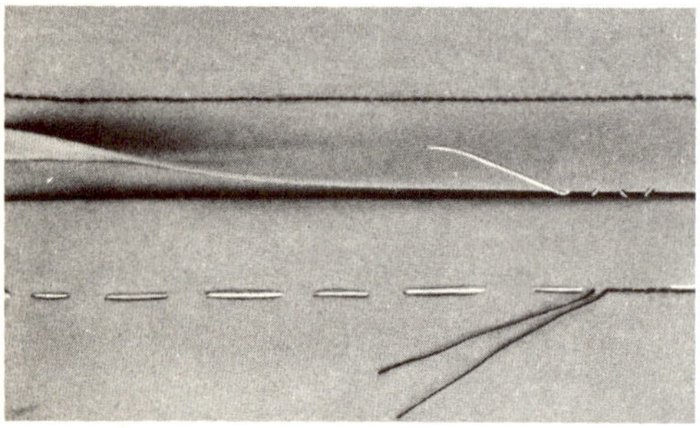

Abb. 96

6. Die **Kellernaht** ist eine Ziernaht. Die breiten Nahtränder einer gehefteten Flachnaht bügelt man auseinander und unterlegt sie mit einem Stoffstreifen auf der linken Seite. In gleichmäßigem Abstand wird auf der rechten Seite zu beiden Seiten der Heftnaht eine Steppnaht mit Gütermann 100/3 ausgeführt, der Heftfaden herausgezogen und unter feuchtem Tuch die Naht gut ausgebügelt (Abb. 96).

7. Die **übersteppte Naht** ist sehr haltbar und zugleich Verzierung. Beide Nahtränder einer Flachnaht werden nach einer Seite gebügelt und auf der rechten Seite in gleichmäßigem Abstand von der Nahtlinie mit Gütermann 100/3 oder 30/3 abgesteppt (Abb. 97).

8. **Stoßnähte** lassen sich bei Stoffteilen mit einer Webekante arbeiten. Die Webekanten werden dicht nebeneinandergelegt und mit Zickzackstich übernäht, so daß die Nadel im Wechsel in beide Stoffkanten greift (Abb. 98).

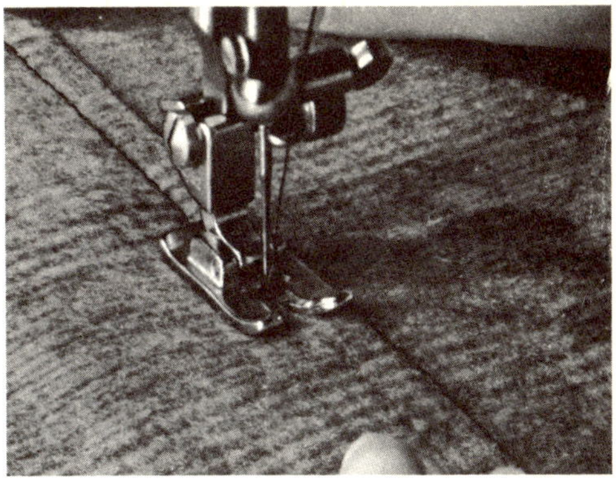

Abb. 97

Neuer Schnitt

Titel der bekannten deutschen Modezeitschrift. Monatlich erscheint ein Heft mit ca. 70 Modellen Damenmode, Kinderkleidung, Wäsche und Handarbeiten. Die Schnitte für alle Modelle befinden sich auf dem zweifarbigen Schnittmusterbogen, die ausführlichen Arbeitsanleitungen im gesondert beigefügten Schlüssel (Arbeitsheft). Diese Modezeitschrift kann im In- und Ausland bei jeder Buch- und Zeitschriftenhandlung bezogen werden.

Abb. 98

Oberfadenspannung

siehe Einfädeln.

Offenkantig

gegengeheftet werden den Schnitteilen die Belagstücke, wenn die Nahtränder mit Schrägblende oder Tresse eingefaßt werden sollen. Der Belag wird in diesem Fall innen mit der linken Stoffseite auf die linke Seite des Kleidungsstückes geheftet. Auf die rechte Seite der offenkantig gehefteten Stofflagen wird die Blende oder Tresse geheftet und mit Gütermann 100/3 festgesteppt (Abb. 99).

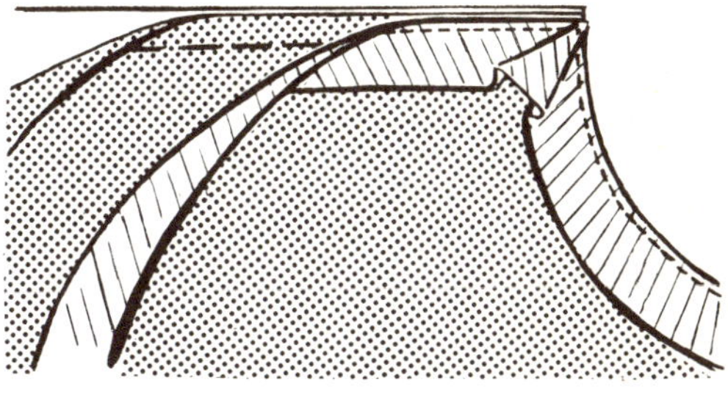

Abb. 99

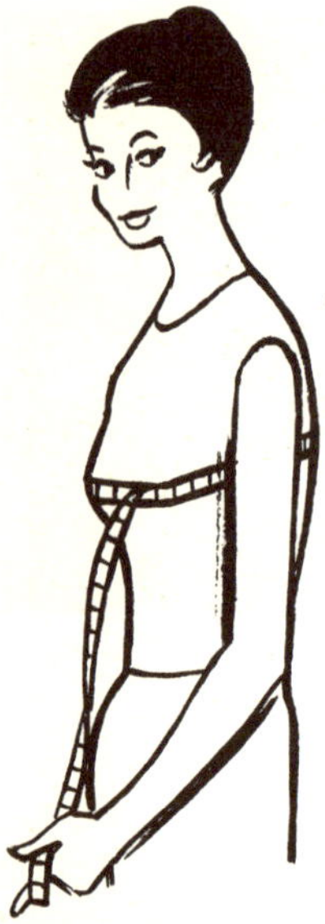

Abb. 100

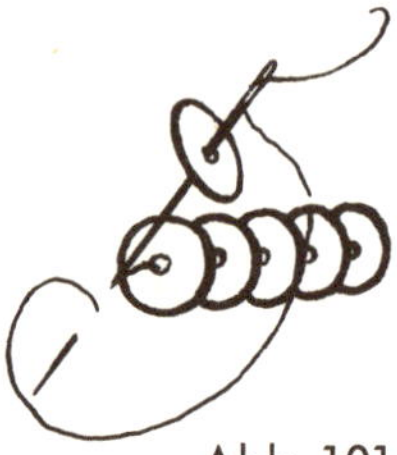

Abb. 101

Abb. 102

Abb. 103

OW

ist die Abkürzung für Oberweite. Bei Erwachsenenkleidung ist die Oberweite in Zentimetern angegeben. Die Oberweite wird mit mäßig straffgehaltenem Maßband über die höchsten Stellen der Brust unter Einschluß der Schulterblätter gemessen. Das Maßband liegt dabei im Rücken meistens höher als im Vorderteil (Abb. 100).

Pailletten

und Perlen gibt es in vielen Farben in den verschiedensten Formen. Sie werden oft als Verzierung auf festliche Kleider genäht. Die dachziegelartig übereinanderliegenden Pailletten werden mit einem Rückstich mit Gütermann 100/3 aufgenäht. Dies ist die sicherste Art, denn reißt einmal ein Faden, so löst sich nicht gleich die ganze Reihe auf (Abb. 101). Flache, runde Pailletten können mit einer Perle gehalten werden. Man sticht mit der Nadel zuerst durch die Paillette, dann durch die Perle und hierauf wieder durch die Paillette zurück in den Stoff. Eine sehr dekorative Wirkung wird erzielt, indem man Stabperlen nicht aneinander, sondern schräg nebeneinander aufnäht (Abb. 102).

Paspelieren

Ein Paspel wird als Verzierung in eine Naht gefaßt. Für den **zwischengefaßten Paspel** wird ein Schrägstreifen in ca. 3 cm Breite zugeschnitten. Der Streifen wird auf die Hälfte der Breite, Kante auf Kante, zusammengelegt und im Längsbruch gebügelt. Die rechte Stoffseite liegt außen. Man heftet den Paspel am besten auf der rechten Stoffseite des einen Stoffteils fest, und zwar so, daß die beiden Nahtzugaben des Paspels zur Nahtzugabe des Stoffteils hin liegen (Abb. 103).

Die Breite des Paspels, vom Längsbruch gerechnet, richtet sich danach, ob der Paspel mehr oder weniger auffallen soll und liegt in der Regel zwischen 2 und 10 mm. Nun wird das zweite Stoffteil, damit ein gleichmäßiger Paspel entsteht, mit der rechten Stoffseite mit umgebogenem Rand hohl aufgeheftet. Die Naht wird von innen gesteppt. Dem zwischengefaßten Paspel kann man auch eine Schnur einlegen. Zum Steppen dann den Kantenfuß verwenden.

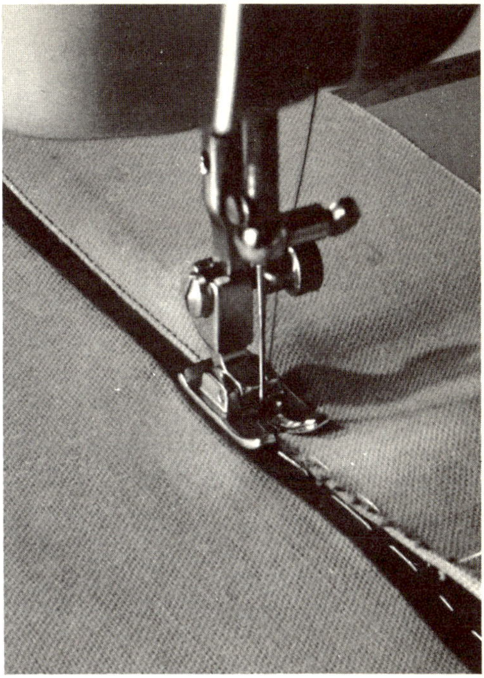

Abb. 104

Bei **einfachem Waschstoff** wird der Schrägstreifen, wie oben beschrieben, auf ein Stoffteil rechts aufgeheftet, die Nahtzugabe der zweiten Stofflage wird umgebogen und schmalkantig 3–5 mm vom Paspelrand entfernt von rechts mit Gütermann 100/3 aufgesteppt (Abb. 104).

Pikieren

ist das flächige Befestigen einer Einlage auf dem Oberstoff. Bei Mänteln und Kostümen wird an Verschlußrändern, Manschetten und Kragen die Einlage mit Pikierstichen mit Gütermann 100/3 befestigt. Man faßt den Oberstoff und Einlagestoff so mit der linken Hand, daß die rechte Seite des Oberstoffes auf dem Zeigefinger und der Einlagestoff am Daumen liegt (also oben) und pikiert in der Form, die das zugeschnittene Teil später haben soll (Abb. 105).

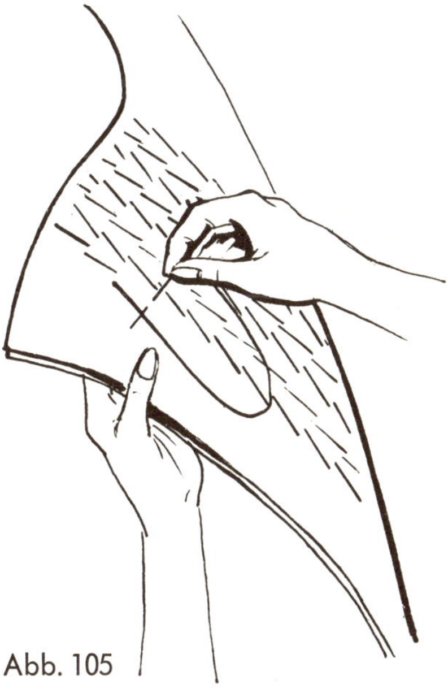

Abb. 105

Beim Revers beginnt man mit dem Pikieren etwas hinter dem Reversbruch und sticht mit der Nadel waagerecht durch den Einlagestoff. Von dem Oberstoff faßt man nur an der inneren Schicht einen oder zwei Fäden, so daß auf der rechten Seite nur Grübchen zu sehen sind.

Plissees
sind maschinell eingepreßte Falten. Als Stoffverbrauch für **einfache Plissee-** oder **Kellerfaltenplissee**-Röcke (Abb. 106 a und b) benötigt man die dreifache Hüftweite. Bevor der Stoff zum Plissieren gegeben wird, müssen alle Rocknähte bis auf eine Naht geschlossen werden. Auch der Saum muß vorher gearbeitet sein.

Abb. 106a

Will man weniger Stoff in einen Plisseerock arbeiten, kann man **Gruppen-** oder **Sparplissees** (6 oder 8 Falten, ein Stück bleibt frei, dann folgen wieder eine Gruppe von 6 oder 8 Falten usw.) wählen (Abb. 106 c).

Abb. 106b

Sonnen- oder **Fächerplissees** sind am oberen Rockrand schmaleingelegte Falten, die sich nach unten zum Rocksaum hin verbreitern (Abb. 106 d). Für diese Plisseeart müssen die Stoffteile halbkreis- oder kreisförmig zugeschnitten werden. Man sollte jedoch immer vorher die Plissieranstalt befragen.

Abb. 106c

Abb. 106d

Quasten
arbeitet man über einen Pappstreifen. In der gewünschten Quastenlänge wird ein Pappstreifen geschnitten und mit Garn umwickelt. Ein kräftiger Faden wird am Rande der Pappe unter den Garnfäden hindurchgeführt, zusammengezogen und fest verknotet. Die Garnschlingen werden am gegenüberliegenden Rand durchgeschnitten und die Quaste nahe dem oberen Rand mit einem Faden noch einmal umwickelt und abgebunden (Abb. 107).

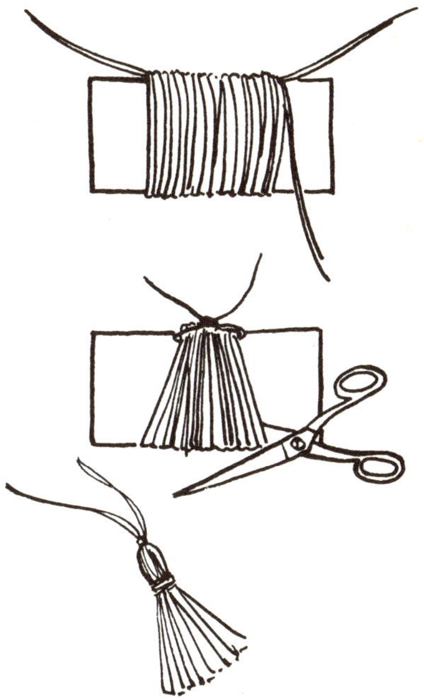
Abb. 107

Reihen
siehe Heften.

Reißverschlüsse
einnähen ist die einfachste Methode, an Kleidungsstücken einen unauffälligen Verschluß zu arbeiten. Wird der Reißverschluß geschweiften Kanten eingesetzt (Seitennaht), so ist es ratsam, den Kanten entlang der Nahtlinie ein Bändchen von links aufzuhexen. Die Seitennaht wird durchgehend geheftet (auch das Stück für den Verschluß) und bis zum Schlitzbeginn mit Gütermann 100/3 gesteppt. Nachdem die Naht durchgängig ausgebügelt ist, wird der Heftfaden herausgezogen.

Die Nahtzugabe am Rückenteil schiebt man nun ca. 3 mm unter dem Bügelbruch hervor und heftet die Kante so schmal wie möglich auf das eine Reißverschlußband, so daß sie unmittelbar an die Zähnchenleiste stößt. Der Reißverschluß liegt nun verdeckt unter der Verschlußkante des vorderen Rockteils und wird festgeheftet (Abb. 108).

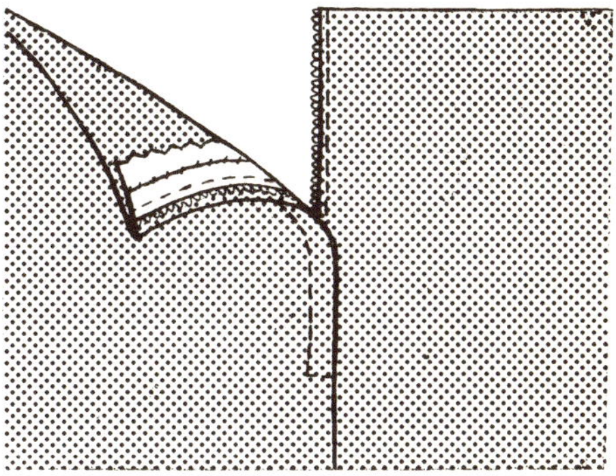
Abb. 108

Abb. 109

Es ist ratsam, den Reißverschluß zunächst mit der Hand mit farblich passender Gütermann-Nähseide 100/3 einzunähen. Dabei macht man rechts sehr kleine Stiche, die nicht auffallen. Nun werden die Heftfäden entfernt und anschließend die Handstiche mit der Maschine übersteppt.

Riegel

sichern Enden von Knopflöchern und Schlitzen. Sie werden bei dünnen Stoffen auch als Öse für einen Hakenverschluß gearbeitet. Um den Riegel besonders haltbar zu arbeiten, führt man die Stiche auch über die Rückseite des Stoffes. Die oberen Fäden werden mit Schlingstichen umnäht oder nur sehr dicht umwickelt (Abb. 109).

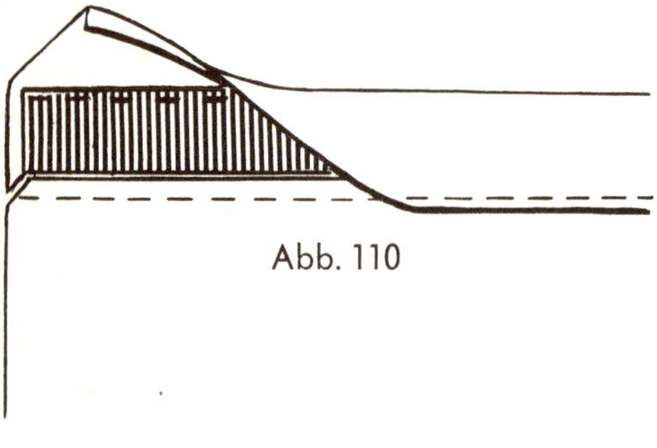

Abb. 110

Rockbund

oder Taillenbund wird mit einer Gurtbandeinlage ohne Stäbchen gearbeitet. Für den Taillenbund wird ein Stoffstreifen (Taillenweite + 3 cm Untertritt + 5 cm Übertritt und in doppelter Bundbreite + Nahtzugabe) zugeschnitten. Auf der linken Seite des Streifens wird das Gurtband entlang der Bruchlinie gegengesteppt. Den Stoffstreifen um das Gurtband legen und diesen Rand auf den Rockrand rechts auf rechts mit Gütermann 100/3 aufsteppen (Abb. 110).

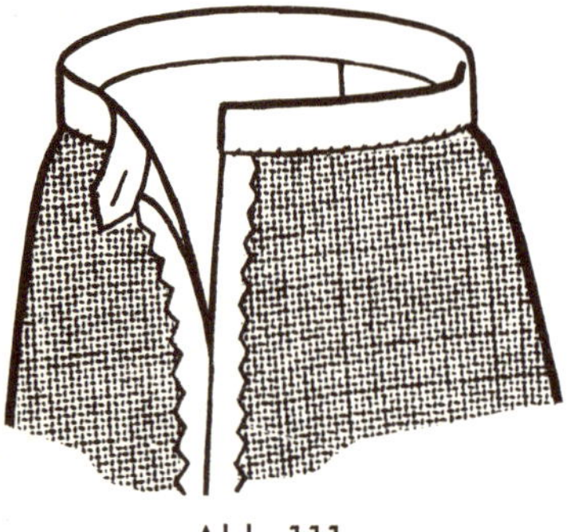

Abb. 111

Für den Übertritt wird das Gurtband und der Stoffstreifen zur Spitze geschnitten. Der Bundstreifen wird über die Einlage geschlagen und innen über der Naht angesäumt. Die Nahtränder der Spitze werden hohl gegeneinandergesäumt (Abb. 111).

Rollieren

kann man die Säume von Kleidungsstücken aus sehr zarten Geweben (Batist, Voile, Georgette usw.). Der Stoff wird zwischen Daumen und Zeigefinger der linken Hand schmal eingerollt und mit Nähseide – den Faden nicht zu fest anziehen – umschlungen (Abb. 112).

Noch unauffälliger ist der hohlgenähte Rollsaum. Zwischen Daumen und Zeigefinger wird der Saumrand etwa 0,5 cm fest eingerollt und hohl angenäht. Von dem Stoff unter dem Rollsaum werden ein oder zwei Fäden aufgenommen, die Nadel dann in dem Rollsaum entlanggeführt. Nach dem Ausstechen werden wieder ein bis zwei Fäden aufgenommen usw. (Abb. 113).

Rollsäume können auch mit der Nähmaschine ausgeführt werden. Mit dem schmalen Säumer wird der Rand sehr schmal umgelegt und bei leicht gelockerter Fadenspannung mit Zickzackstichen übernäht.

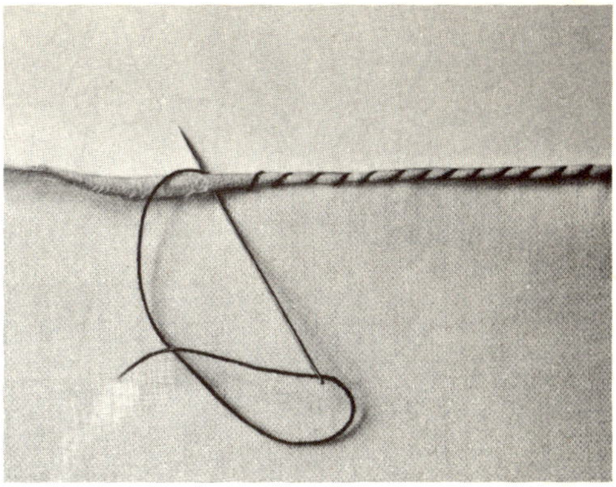

Abb. 112

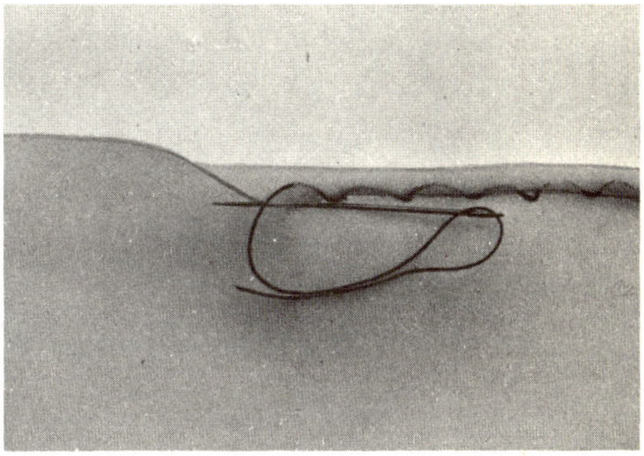

Abb. 113

Rüschen

bilden immer einen hübschen Schmuck an Dirndlkleidern. Für die **Zackenrüsche** wird ein 6 cm breiter Schrägstreifen zugeschnitten und zu einem 2 cm breiten Schlauch zusammengeheftet. Auf der Rückseite werden regelmäßige Zickzacklinien aufgezeichnet und diesen entlang kleine Reihstiche (eventuell mit doppeltem Faden) mit Gütermann 100/3 eingezogen. Der Faden wird bis dicht an die Bruchkanten geführt. Zum Schluß wird der Reihfaden vorsichtig angezogen, dabei bilden sich dann die Zacken (Abb. 114).

Abb. 114

Die **kombinierte Herzfaltenrüsche** besteht aus zwei Teilen. Zuerst wird ein 5 cm breiter Stoffstreifen für die **Faltenrüsche** geschnitten und die Kanten schmal mit Gütermann 100/3 gekurbelt. Der Streifen wird in Falten gelegt und in der Mitte durchgesteppt (Abb. 115).

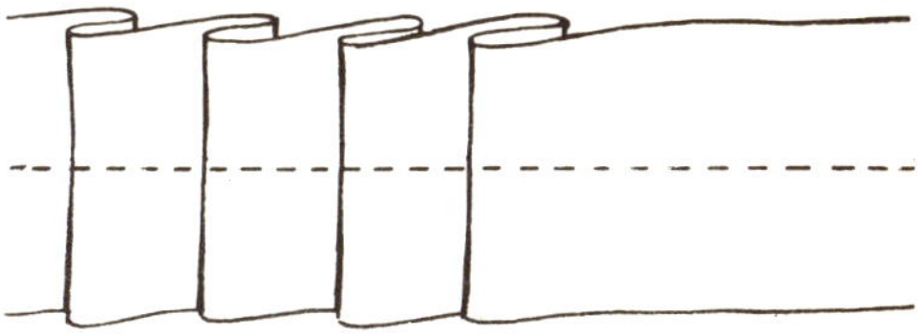

Abb. 115

Abb. 116

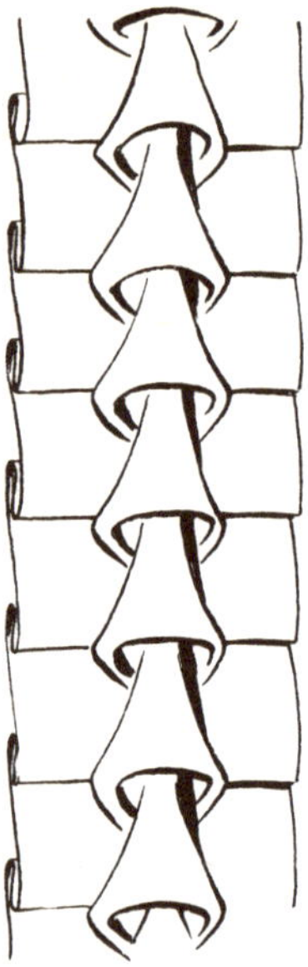

Abb. 117

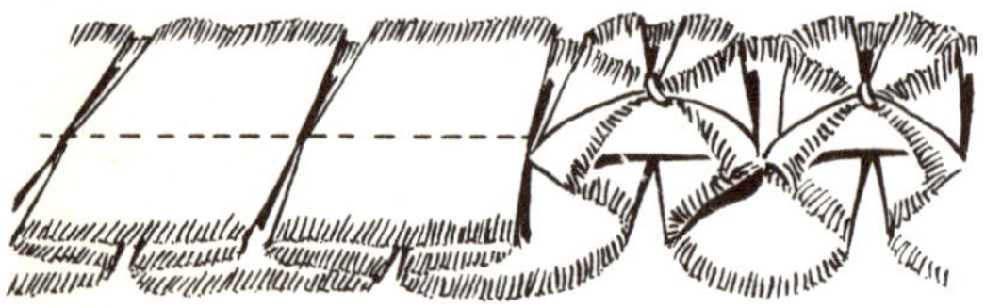

Abb. 118

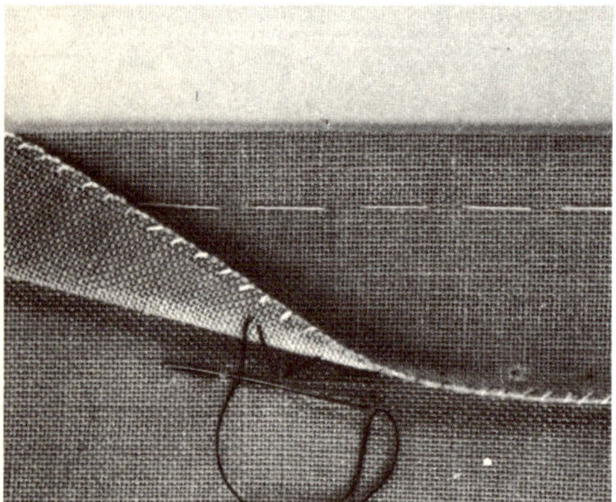

Abb. 119

Für die **Herzrüsche** wird ein gerader Stoffstreifen, wie bei der Zackenrüsche beschrieben, zu einem Schlauch geheftet. + Beide Kanten werden mit einigen Stichen zusammengehalten, die zusammengenähte Stelle wird zu einem Dreieck geknickt, in der Mitte der Schlauchblende werden einige Stofffäden aufgenommen und nochmals über der ersten Stelle einige Überstiche mit Gütermann 100/3 gearbeitet. Nach etwa 1,5 cm Abstand wird der ganze Arbeitsgang wiederholt (Abb. 116).
Die fertige Herzrüsche wird der Faltenrüsche in der Mitte hohl übergenäht (Abb. 117).

Die **Rosenrüsche** besteht aus zwei kontrastfarbigen, 5 cm breiten Stoffstreifen, die mit 7 mm Kantenabstand mit Gütermann 100/3 übereinandergesteppt werden. Beide Kanten werden bis zur Stepplinie ausgefranst, der Streifen in gleichmäßige, 4 cm breite Tollfalten gelegt und in der Mitte durchgesteppt. Die Ränder jeder obenaufliegenden Falte werden in der Mitte mit einigen Stichen zusammengehalten (Abb. 118).

Säume

sollen so unauffällig wie möglich sein und eine Breite von ca. 4–8 cm haben. In der für den Saum angezeichneten Länge wird der Stoff umgeschlagen und 1 cm vom Bruch entfernt geheftet. Vom Bruch aus wird die gewünschte Saumbreite gleichmäßig rundherum mit Kreide abgezeichnet und der überflüssige Stoff abgeschnitten. Es gibt verschiedene Möglichkeiten, die Saumnaht zu arbeiten.
Bei dünnen Stoffen wird die Schnittkante ca. 1 cm eingeschlagen oder umstochen, geheftet und hohl angesäumt. Hierbei nimmt man mit der Nadel einen Faden des unter dem Saum liegenden Stoffes auf, die Nadel wird dann im Einschlagbruch oder einige Millimeter neben der umstochenen Kante weitergeführt usw. (Abb. 119).

Bei dickeren Stoffen wird die Schnittkante mit Schrägstreifen oder Nahtband eingefaßt und hohl angesäumt (Abb. 120).

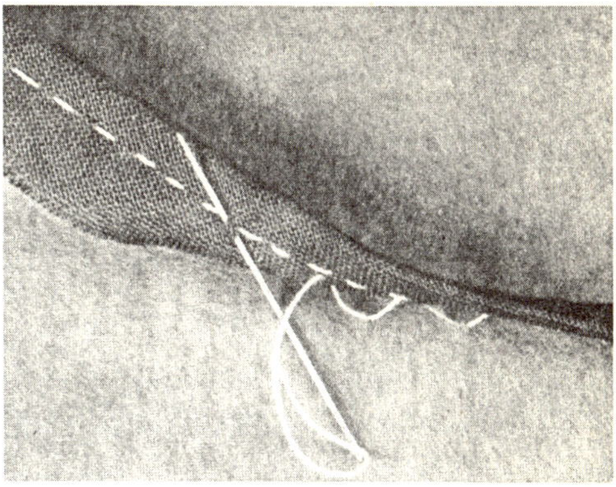

Abb. 120

Wenn der Stoff mit der Schere ausgezackt werden soll (dicke Mantelstoffe werden oft ausgezackt), ist es ratsam, um die Schnittkante etwas fester zu machen, die Kante knapp neben den Zacken mit der Maschine abzusteppen und offenkantig mit Hohlstichen mit Gütermann 100/3 anzunähen (Abb. 121).

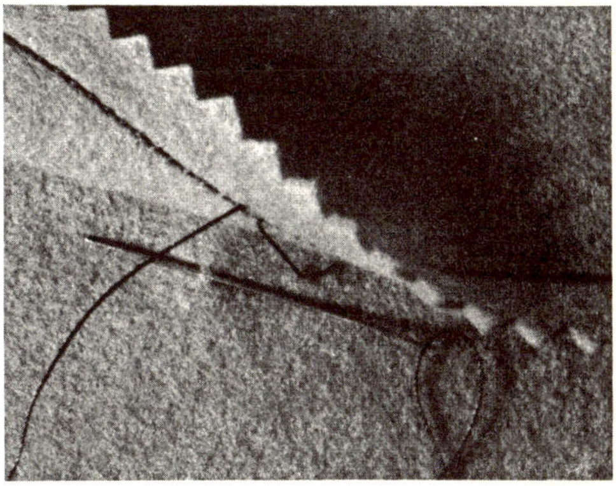

Abb. 121

Alle soeben beschriebenen Saumarten haben durch das offenkantige Annähen den Vorteil, daß man die Bügeleisenspitze unter der Saumkante entlangfahren läßt und der Saum sich auf die Außenseite nicht durchdrücken kann, was bei feinen Stoffen leicht geschieht.

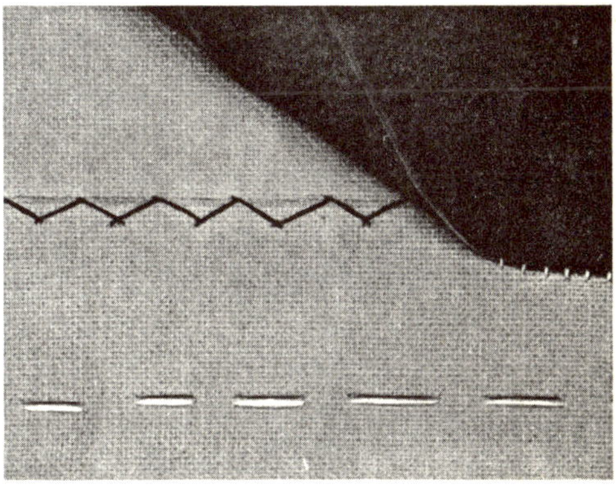

Abb. 122

Erhält der Saum ein gegengesetztes Futter, so wird die offene Saumkante mit Hexenstichen auf die Stoffrückseite genäht. Die Stiche dürfen auf keinen Fall auf der Vorderseite sichtbar sein. Der Hexenstich (siehe Hexenstich) wird von links nach rechts mit sehr lose gelassenem Faden ausgeführt (Abb. 122).

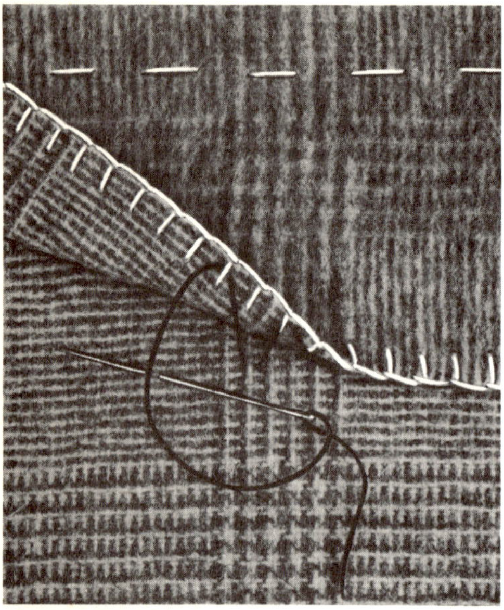

Abb. 123

Für eine besonders unauffällige Saumnaht wird die Schnittkante des Saumes mit dichten, kurzen Langettenstichen eingefaßt und die Kante hohl angesäumt, wobei man nicht die Stoffkante, sondern die Langettenstiche faßt (Abb. 123).

Falscher Saum: Ist nicht genügend Stoff zum Arbeiten eines Saumes vorhanden, setzt man einen 5 cm breiten Schrägstreifen aus Futterstoff verstürzt an, biegt den angesetzten Streifen so um, daß noch 1 cm vom Kleiderstoff mit umgebogen wird und heftet den Saumbruch durch. Die Schnittkante des Schrägstreifens wird 1 cm eingeschlagen, durchgeheftet und hohl angesäumt (Abb. 124). Bei geraden Röcken kann man auch ein breites Nahtband an Stelle des Schrägstreifens verwenden.

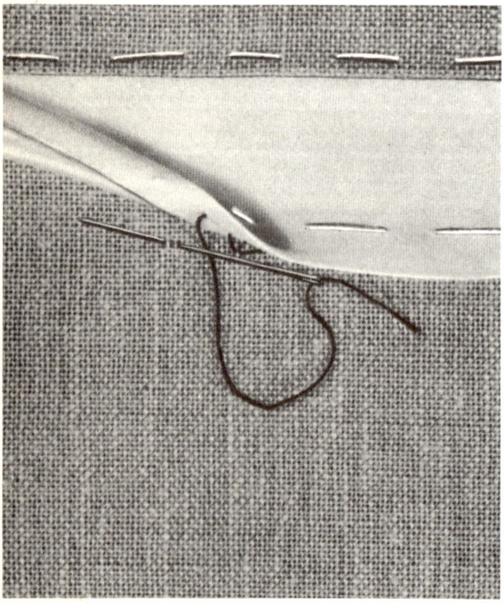

Abb. 124

Schlingen

sind ein aparter Verschluß für elegante Kleider und Blusen. Man arbeitet sie aus dem Kleidstoff, wenn dieser nicht zu locker und knotig gewebt ist. Im allgemeinen eignet sich ein feiner glatter Seidenstoff dafür besonders gut.

Werden die Schlingen unauffällig angebracht, dann arbeitet man sie aus Knopflochseide. Die Fäden werden in Schlingenlänge einige Male gespannt und dann dicht umwickelt.

Für die Schlauchblenden-Schlingen wird ein 2–2½ cm breiter Schrägstreifen zugeschnitten, zur Hälfte rechts auf rechts zusammengelegt und 3–5 mm von der Bruchkante entfernt mit Gütermann 100/3 zusammengesteppt, dabei wird der Schrägstreifen leicht gedehnt, damit später beim Durchziehen der Nähfaden nicht reißt. Die Nahtzugabe wird nicht abgeschnitten, sie bildet die Füllung des Röllchens.

Zum Durchziehen der Schlauchblende befestigt man mit einigen Stichen an der Stoffkante des Röllchens eine Durchzugnadel und schiebt sie durch den Schrägstreifen, so daß das Röllchen umgekrempelt wird (Abb. 125).

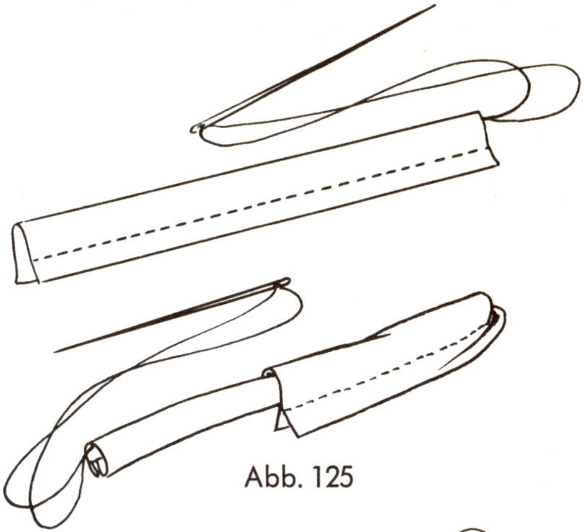
Abb. 125

Die Größe der Schlingen richtet sich nach den Knöpfen. Die Schlingen müssen so lang geschnitten sein, wie der Knopf groß ist und müssen bei hohen Knöpfen um die Höhe länger sein. Die Schlingen werden von rechts mit der Hand an die Verschlußränder genäht, so daß die Schnittkanten der Schrägröllchen zur Schnittkante des Verschlußrandes hin liegen.

Zur Versäuberung wird über die Schlingen ein Stoffstreifen geheftet und festgesteppt. Der Belagstreifen wird nach innen geschlagen. Dadurch kommen die Schlingen an die äußere Kante. Der Streifen wird innen hohl angesäumt. Vorsichtig wird die Schlingenkante auf weicher Unterlage unter feuchtem Tuch ausgebügelt (Abb. 126).

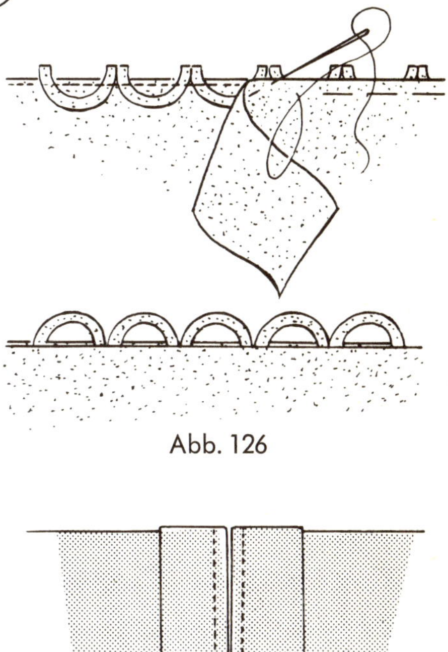
Abb. 126

Schlitze

sind da erforderlich, wo ein anliegendes Kleidungsstück beim Anziehen nicht genügend Weite zum Durchschlüpfen hat.

Schlitze als gerade Einschnitte werden auf der rechten Seite des Stoffes vorgezeichnet und darauf ein etwa 4–5 cm breiter Stoffstreifen geheftet, der an der unteren Kante 2–3 cm länger sein muß als der Schlitz. Die eingezeichnete Einschnittlinie wird nun im Abstand von 3–4 mm und unten spitz geformt mit Gütermann 100/3 umsteppt. Den Einschnitt in der Mitte auf- und zur Spitze hin schräg einschneiden (Abb. 127). Der Belagstreifen wird auf die Rückseite umgeheftet, die Kante abgesteppt oder hohl angenäht.

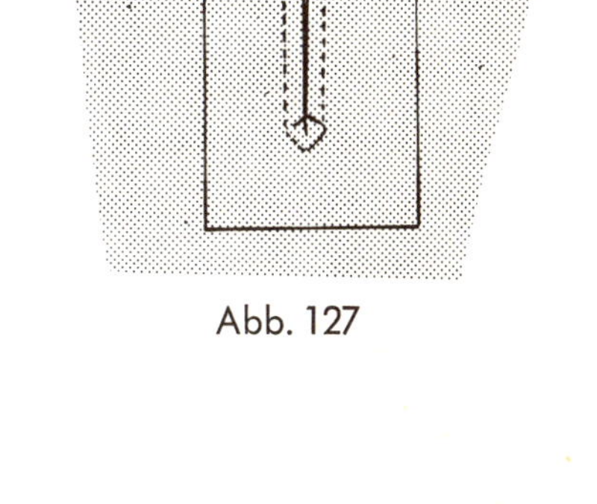
Abb. 127

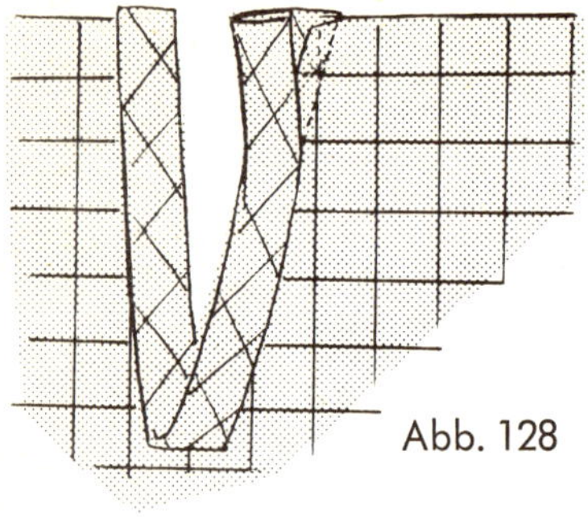

Abb. 128

Will man einen **Schlitz mit Schrägstreifen einfassen,** wird den Schnittkanten des eingeschnittenen Schlitzes rechts auf rechts ein Schrägstreifen schmalkantig aufgesteppt. Der Schrägstreifen muß an der Einschnittspitze etwas gedehnt werden, damit er sich flachlegt. Der nach innen umgeheftete Streifen kann mit der Hand angesäumt oder mit der Maschine in der Ansatznaht mit Gütermann 100/3 durchgesteppt werden (Abb. 128).

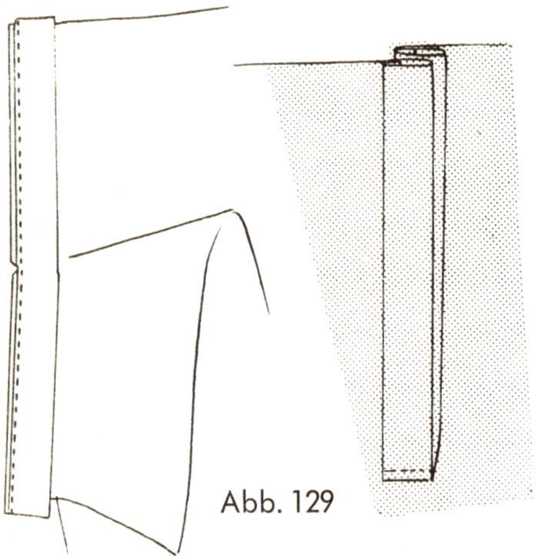

Abb. 129

Für den **mit geradem Streifen eingefaßten Schlitz** wird ein ca. 3–3½ cm breiter Streifen – möglichst mit Webekante – zugeschnitten. Der Streifen wird mit seiner Schnittkante dem zu einer Linie gelegten Schlitzeinschnitt außen aufgeheftet und schmalkantig aufgesteppt. Der Streifen wird zur Hälfte umgebogen und die Webekante mit Saumstichen an die Ansatznaht genäht oder mit der Maschine gegengesteppt. Der Streifen am vorderen Schlitzrand wird nach innen gebügelt und mit einigen Stichen am oberen Rand befestigt sowie der untere Bruchrand des Streifens durchgeheftet (Abb. 129).

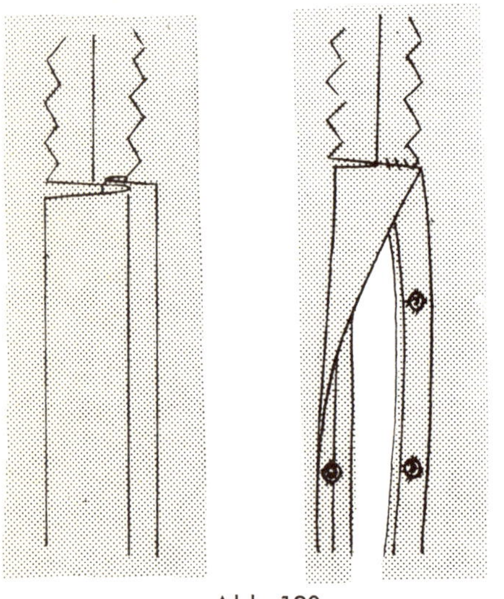

Abb. 130

Bei Schlitzen in schmalen Nähten wird ein ca. 4–5-cm-Schrägstreifen auf den untertretenden Nahtrand rechts auf rechts aufgesteppt, die Naht ausgebügelt und der Streifen zum Untertritt umgelegt. Dem übertretenden Nahtrand wird im Nahtverlauf ein 3 cm breiter Schrägstreifen verstürzt angenäht, gewendet und innen hohl angesäumt (Abb. 130).

Hosenschlitz. Die Verschlußkante des linken Hosenteils wird mit einem Futterstreifen über die im Schnitt eingezeichnete Stepplinie hinaus mit Gütermann 100/3 verstürzt und unten bis zur Schrittnaht eingeschnitten (Abb. 131a).

In die mit Futter verstürzte Knopflochpatte werden nach Schnittangabe schräge Knopflöcher geschürzt. Die Patte wird dem Hosenrand untergeheftet – dabei darf der Pattenrand jedoch nicht vorstehen – und liniengemäß festgesteppt. Das überstehende Futter der Patte kann dabei zwischen Oberstoff und Futterstoff der linken Verschlußkante geschoben und somit die Naht gleich versäubert werden (Abb. 131b).

Die Patte und die Verschlußkante werden zwischen den Knopflöchern mit einigen Stichen zusammengenäht, damit die Kanten flach liegenbleiben.

Der Untertritt des rechten vorderen Hosenteils wird mit einem Futterstreifen verstürzt und dem vorderen Hosenrand angesetzt. Das Futter kann mit der Hand angesäumt werden. Man kann das überstehende Futter auch beim Durchsteppen der Nahtlinie mitfassen. Nachdem die Schrittnaht geschlossen ist, wird das Schlitzende mit einem Riegel gesichert (Abb. 131c–e).

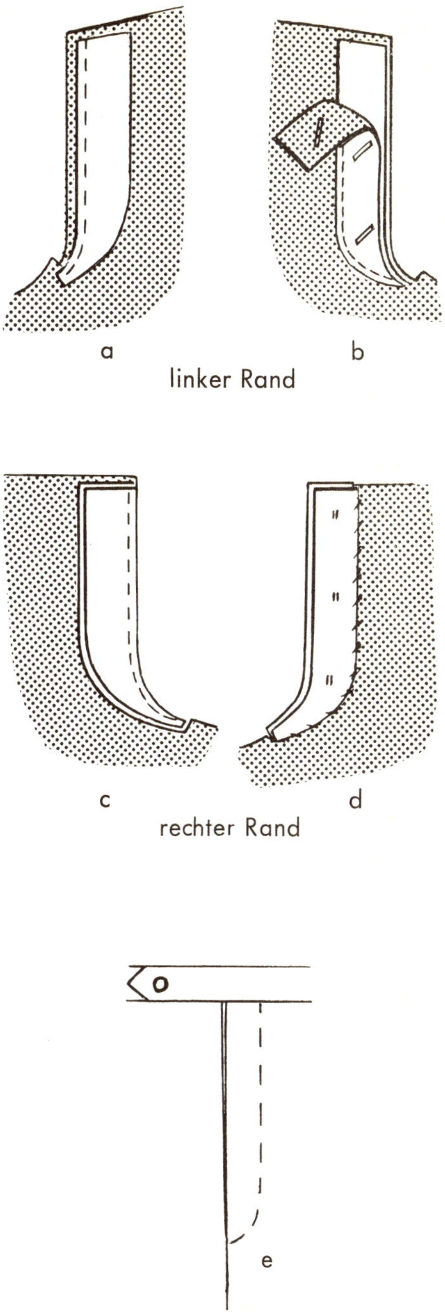

Abb. 131

Schrägband

sind im Schrägfadenlauf geschnittene bandartige Streifen mit offenen Kanten.

Es ist als Meterband in verschiedenen Farben und Breiten im Handel erhältlich. Es wird zum Paspeln, zum Einfassen oder zum Versäubern verwendet.

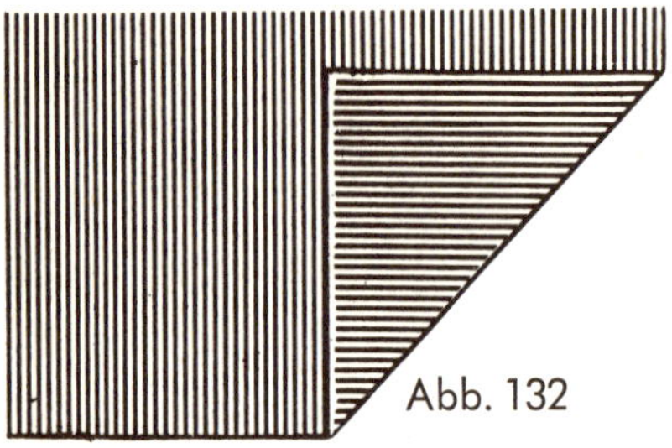

Abb. 132

Schrägfadenlauf

Legt man die Schnittkante eines Stoffes auf seine Webekante, so zeigt der so entstandene Stoffbruch genau den Schrägfadenlauf (Abb. 132).

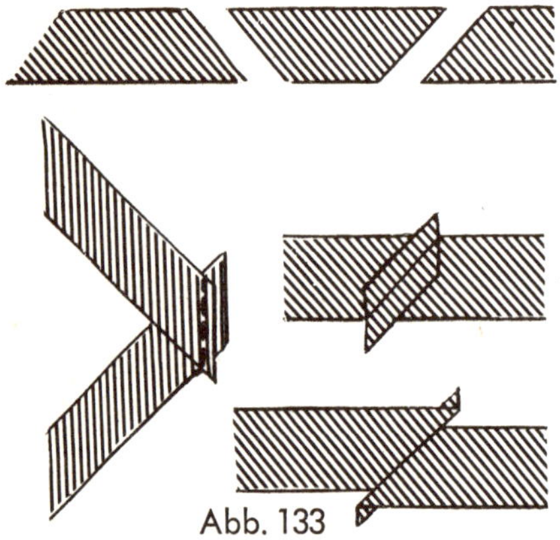

Abb. 133

Schrägstreifen

sind im Schrägfadenlauf zugeschnittene Stoffstreifen, die fadengerade mit einfacher Naht aneinandergesetzt werden. Die Ansatznaht muß zwischen den Kreuzungspunkten der übereinandergesteckten Streifenteile verlaufen, dann bilden die aneinandergesteppten Teile einen Streifen mit geraden Kanten. Ca. 3 cm breite Schrägstreifen werden zum Paspeln und zum Einfassen verwendet. Zum Versäubern der Nähte bei dicken Stoffen werden Schrägstreifen aus Futterstoff zugeschnitten (Abb. 133).

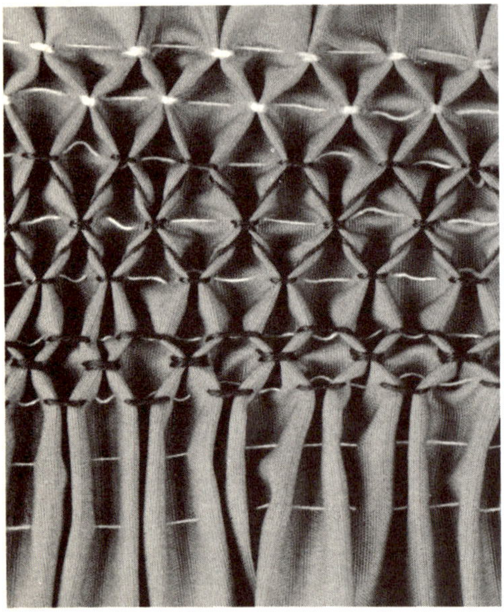

Abb. 134

Smok

sind Schmuckfalten an Kinderkleidern, Blusen und Wäsche. Bei dieser Handarbeitstechnik werden Reihfältchen mit Zierstichen zusammengefaßt. Auf der Rückseite des Stoffes wird ein Punktmuster markiert. Hierzu kann man ein NEUER SCHNITT-Aufbügelmuster auf den Stoff bügeln oder eine Lochschablone zum Aufzeichnen der Punkte benutzen.

Nun werden die Stoffpartien dem Punktmuster entsprechend mit festem Garn eingereiht. Der Stoff wird auf die gewünschte Weite zusammengeschoben und die Reihfäden, um eine Stecknadel gewickelt, festgehalten. Auf der Oberseite werden die Faltenbrüche mit Zierstichen zusammengehalten und überstickt, dabei wird die Nadel im Allgemeinen im Innenbruch einer Falte zum nächsten Stich geführt (Abb. 134).

Eine effektvolle Wirkung läßt sich auch mit dem Einnähen von **Gummifäden** bei Kinderkleidern und Wäsche erzielen. (Gummifaden ist in verschiedenen Farben im Handel erhältlich.) Gummifäden werden für die Maschine nur als Unterfaden verwendet und mit der Hand unter leichter Spannung auf die Spule gewickelt.
Das Schnitteil wird in mehreren Reihen mit gleichmäßigen Abständen eingekräuselt. Der Stoff muß bei jeder Naht ganz glatt gespannt sein, da sonst die Kräuselei ungleichmäßig wird (Abb. 135).

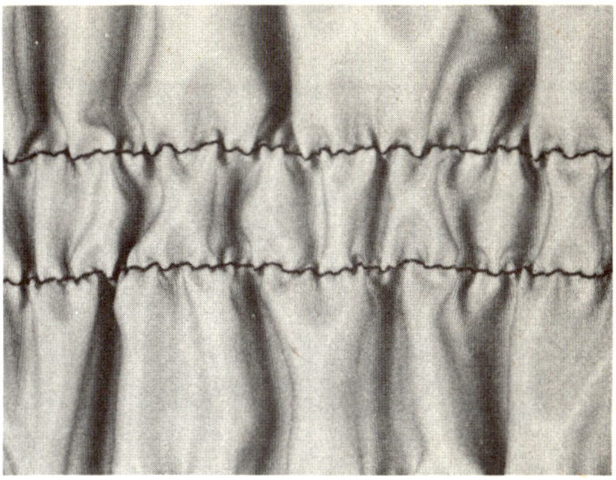
Abb. 135

Staffieren

Mit unsichtbaren Stichen ein Stoffteil an einem anderen befestigen. Das Futter bei Mänteln und Kostümen wird einstaffiert, d. h. mit Staffierstichen eingenäht (Abb. 136).

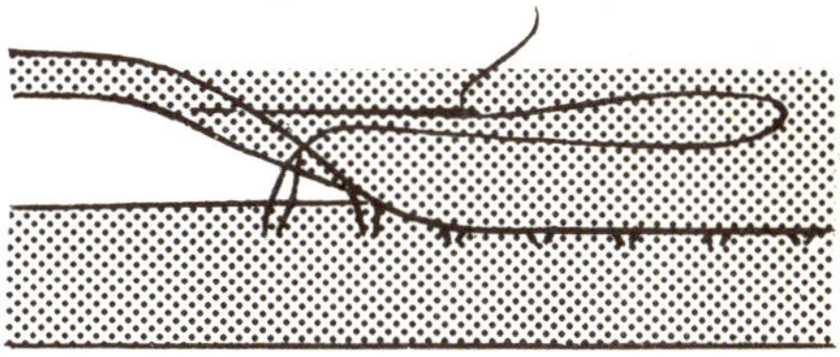
Abb. 136

Steppen

Eine mit der Nähmaschine gearbeitete Nahtlinie aus dicht aneinandergereihten Steppstichen. Dabei ist die Fadenspannung von Ober- und Unterfaden (Spule) zu beachten.

Stoffbruch

siehe Teil 2 „Das Zuschneiden".

Stoßband,

auch Hosenschonerband genannt, wird linksseitig an die untere Hosenkante genäht. Es verhindert das Durchscheuern des Stoffes an den Schuhen.
Das Stoßband wird mit der verstärkten Kante so an den Bruch des Hosenrandes genäht, daß die wulstartige Stoßkante ca. 2 mm vorsteht. Knapp neben dem Stoßrand und am äußeren Rand wird das Band mit der Maschine mit Gütermann 100/3 auf dem inneren Umschlag der Hose festgesteppt (Abb. 137).

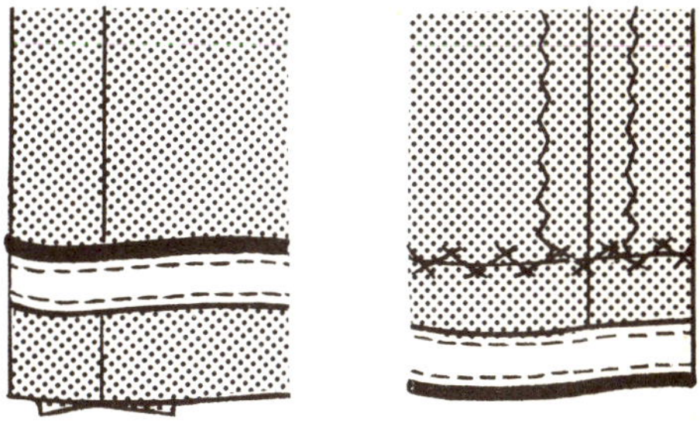
Abb. 137

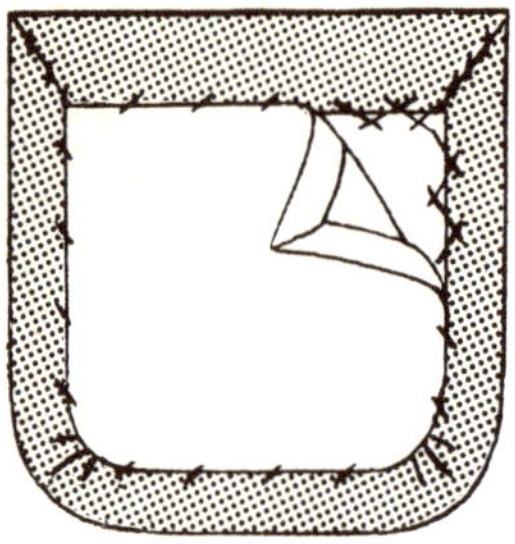

Abb. 138

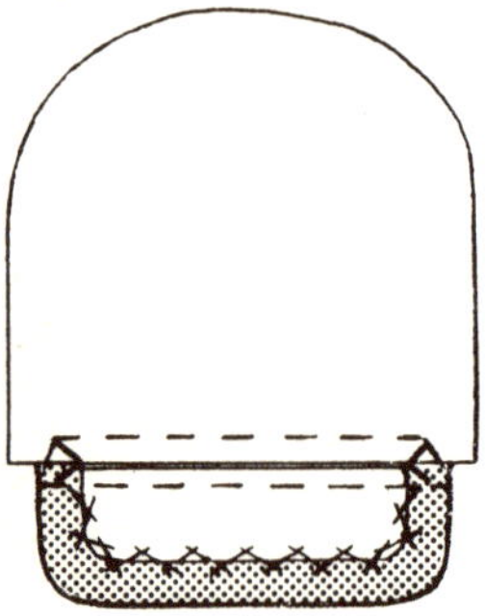

Abb. 139

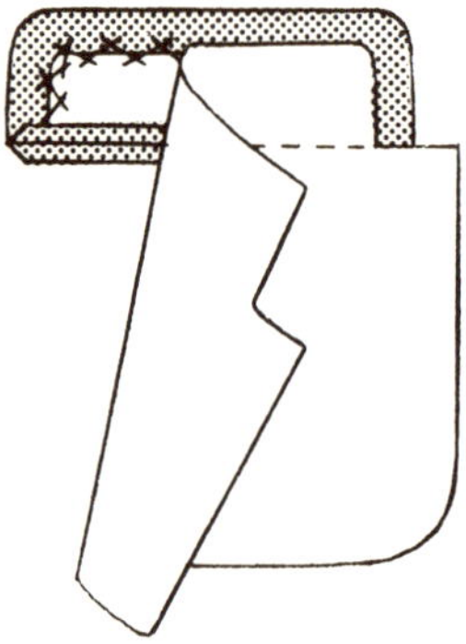

Abb. 140

Taschen

kann man besonders bei sportlichen Modellen dem Kleidungsstück aufsetzen. Bei dünnen Stoffen wird der obere Taschenrand mit einem Belagstreifen verstürzt genäht, die Nahtzugabe der Tasche umgeheftet und die Tasche der Schnittangabe entsprechend aufgesteppt.

Bei dicken Stoffen werden die Taschen mit Futterstoff verstürzt genäht oder das Futter mit der Hand gegengenäht (Abb. 138). Die Ränder werden in beliebigem Abstand von der Kante mit Gütermann 100/3 aufgesteppt. (Die Nahtenden muß man durch Vor- und Zurücknähen gut sichern.)

Für die Leistentasche wird zunächst der Oberstoff um die Einlage der Leiste geschlagen und festgehext. Die Leiste wird nach dem Bügeln rechts auf rechts an den unteren Rand der Taschenmarkierungslinie geheftet. An den oberen Rand dieser Linie wird der Taschenbeutel geheftet, der 1,5 cm länger als der Tascheneinschnitt zugeschnitten wird. Das aufgeheftete Taschenfutterteil und die Leiste werden mit Gütermann 100/3 festgesteppt. Die Steppnaht des Taschenbeutels soll einige Stiche kürzer sein als die der Leiste. Die Maschinenfäden müssen am Ende gut befestigt werden.

Jetzt wird der Tascheneingriff im Oberstoff bis 1 cm vor die Nahtenden eingeschnitten. Von dort aus werden kleine Einschnitte bis zu den Enden der Steppnähte gemacht, so daß kleine Stoffdreiecke stehenbleiben (Abb. 139).

Das Taschenbeutelteil wird nach innen, die Leiste nach oben geschlagen und die Leistennaht wird breitgebügelt. Das um die Leistenbreite länger zugeschnittene zweite Taschenfutterteil wird hohl gegen die Leiste genäht, nach innen gezogen und so durch die breitgebügelte Leistennaht festgestichelt, daß die Stiche von rechts unsichtbar sind (Abb. 140).

Die Seitenkanten der Leiste müssen hohl auf das Arbeitsstück genäht werden. Zum Schluß werden die übereinandergelegten Taschenteile durch Naht zum Beutel geschlossen.

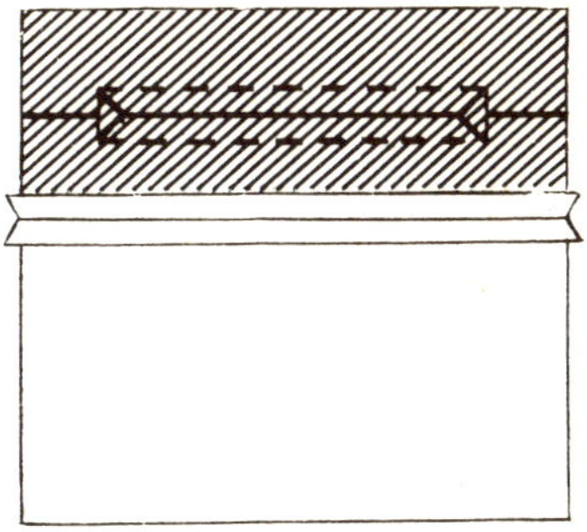

Abb. 141

Bei der Paspeltasche werden der Taschenmarkierungslinie zu beiden Seiten 5 cm breite Schrägstreifen rechts auf rechts aufgeheftet und mit Gütermann 100/3 festgesteppt. Die Fäden am Ende der Stepplinie müssen gut vernäht werden. An den unteren Paspelstreifen wird der Taschenbeutel angesetzt (Abb. 141).

Dem rückwärtigen Taschenfutterteil wird zuvor ein 5–6 cm breiter Stoffstreifen als Taschenrückwand aufgesetzt (damit durch den Taschenschlitz das Futter nicht zu sehen ist). Der Tascheneingriff wird bis ca. 1 cm vor den Nahtenden eingeschnitten und von da aus schräg bis zum letzten Maschinenstich, so daß kleine Stoffdreiecke stehenbleiben. Die Nähte werden vorsichtig ausgebügelt. Die beiden Paspelstreifen (z. T. mit Taschenbeutel) werden durch den Tascheneinschnitt nach innen gezogen.

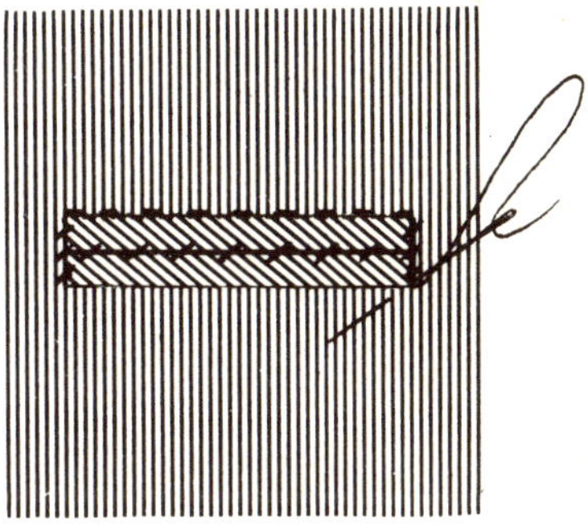

Abb. 142

An beiden Seiten müssen die Paspel genau gleich breit vorstehen und werden mit Rückstichen in der Paspelansatznaht mit Gütermann 100/3 festgenäht. Bei dickeren Stoffen kann man die Ansatznaht auch durchsteppen. Die kleinen Stoffdreiecke, die beim Einschneiden entstanden sind, schiebt man mit der Nadel nach innen und näht die Querbrüche mit Hohlstichen fest (Abb. 142).

Der Taschenschlitz wird nun zugeheftet. Dann legt man den mit der Taschenrückwand versehenen Taschenbeutel auf den oberen Paspel, so daß die Schnittkanten des Paspels und des Taschenbeutels genau übereinanderliegen (Abb. 143).

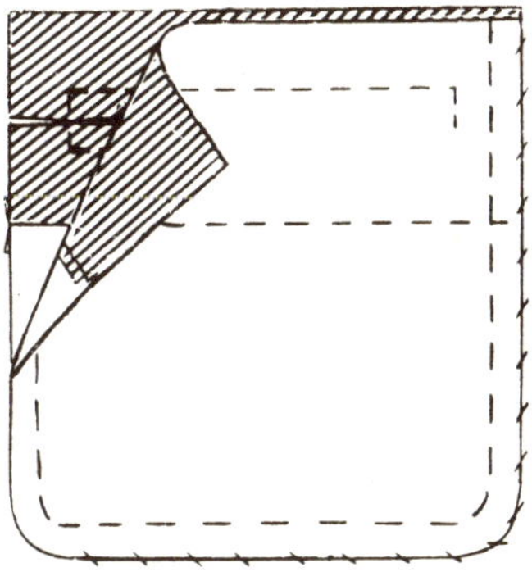

Abb. 143

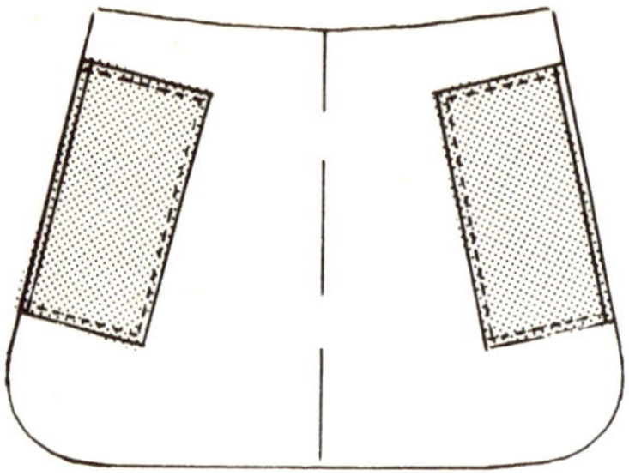
Abb. 144

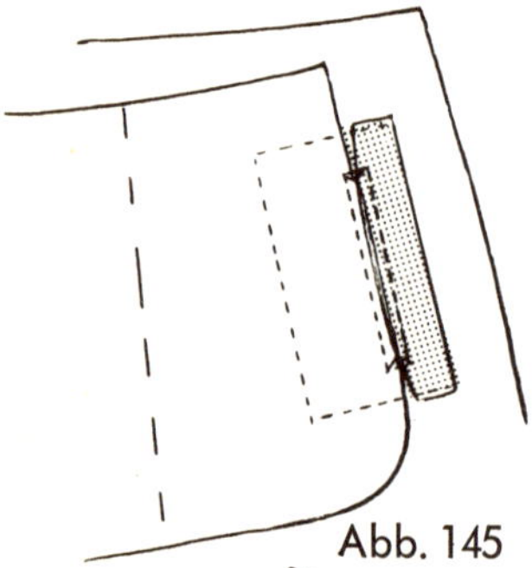
Abb. 145

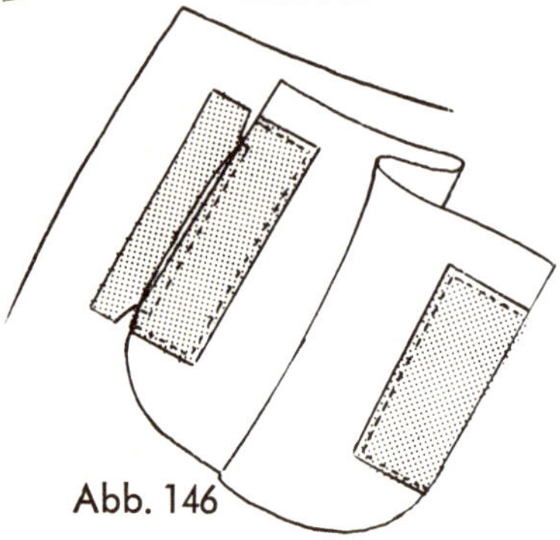
Abb. 146

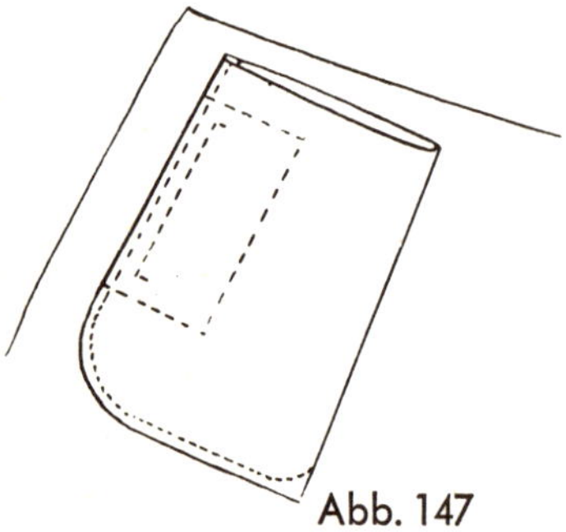
Abb. 147

Von rechts steppt man die obere Paspelansatznaht und die Schlitzenden durch, damit wird das zweite Taschenbeutelteil befestigt. Zum Schluß werden die Seitennähte des Taschenbeutels geschlossen und durch Umstechen fein versäubert (siehe auch Abb. 143).

Bei der **Hosentasche** wird zunächst der Taschenbeutel auf der Innenseite an den Eingriffsrändern mit je einem 5 cm breiten Stoffstreifen besetzt, der an den Schmalseiten je 2 cm länger sein muß als der eingezeichnete Tascheneinschnitt (Abb. 144).

Nun wird die Taschenlinie seitlich auf der rechten Seite mit einem 3 cm breiten Paspelstreifen und von vorn mit einer Kante des Taschenbeutels belegt. Der Paspelstreifen und die Kante des Taschenbeutelbelages müssen an der eingezeichneten Linie des Tascheneinschnittes gegeneinanderstoßen. Der Tascheneingriff wird 5 mm breit mit Gütermann 100/3 umsteppt, in der Mitte aufgeschnitten und in die Ecken bis zur Stepplinie eingezwickt, so daß kleine Stoffzungen stehenbleiben (Abb. 145).

Jetzt werden Paspelstreifen und Taschenbeutel auf die linke Seite gezogen und der Einschnitt mit dem Paspel von beiden Seiten ausgefüllt und geheftet. Damit der Paspel nicht wieder zurückrutschen kann, wird die Nahtrinne mit Gütermann 100/3 durchgesteppt, dabei legt man den Taschenbeutel erst zur Hälfte zusammen, nachdem die vordere Ansatznaht durchgesteppt ist. Beim Durchsteppen der seitlichen Paspelansatznaht wird die zweite Taschenbeutelkante mitgefaßt. Der Taschenbeutel wird nun durch Naht ganz geschlossen und die Nahtränder mit Schlingstichen versäubert (Abb. 146 und 147).

Tresse
wird zum Einfassen von Verschlußrändern, Ausschnitten, Kragen und Taschen verwendet. Auch als zwischengefaßten Paspel kann man Tresse verarbeiten (siehe Paspelierung). Dem Verschlußrand wird die Einlage und der Belagstreifen offenkantig untergeheftet: also die linke Belagseite auf die linke Oberstoffseite. Der Einlagestoff wird dazwischengelegt. In der Durchschlaglinie werden alle Teile zusammengeheftet. Die Nahtzugabe wird bis auf 2 mm abgeschnitten. Die Tresse wird so weit von der Schnittkante entfernt mit Gütermann 100/3 angenäht, wie die Breite des fertigen Tresse-Einfasses sein soll.
Beim Einfassen von der Kragenreverskante und der vorderen Verschlußkante ist die Stelle besonders zu beachten, an der die vordere Verschlußkante ins Revers übergeht. An dieser Stelle wird die Tresse in einer Länge von 3 cm nicht festgeheftet, denn bei der vorderen Kante muß die Tresse rechts auf rechts liegend aufgeheftet werden, und da sich das Revers umlegt, muß nach 3 cm die andere Kante der Tresse auch wieder rechts auf rechts am Revers festgeheftet sein (Abb. 148).
Auf der Strecke von 3 cm, die man zum Umdrehen der Tresse braucht, wird die Tresse nachträglich mit der Hand aufgenäht. Nun wird die Tresse auf der rechten Seite, also außen, schmalkantig aufgesteppt, um die Nahtzugaben nach innen umgebogen und mit kleinen Saumstichen angenäht.

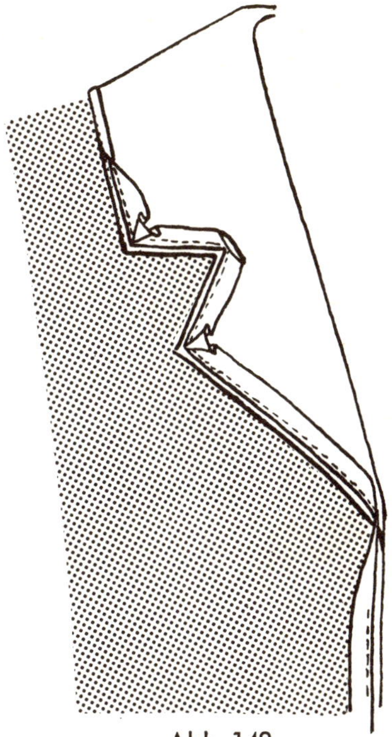
Abb. 148

Übertritt und Untertritt nennt man die Mitte auf Mitte treffend übereinandergelegten Stoffpartien bei Verschlüssen. Übertritt und Untertritt sind in doppeltem Stoff meistens mit Einlage gearbeitet. In den Übertritt arbeitet man die Knopflöcher und auf den Untertritt werden die Knöpfe genäht. Verarbeitung siehe Verschlußränder (Abb. 149).

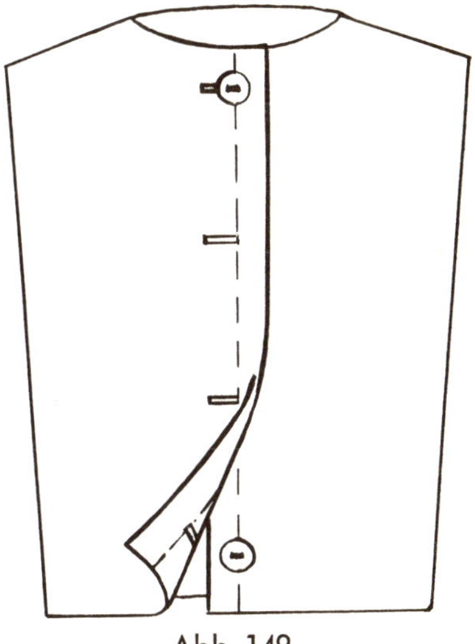
Abb. 149

Abb. 150

Überweite

ist bei Schnitten, auch bei glatteingesetzten Ärmeln eingearbeitet. Die im Muster bezeichneten Partien werden leicht eingehalten und vor dem Nähen eingebügelt. Siehe Einhalten.

Umstechen

siehe Versäuberung der Nähte.

Verbrämen

nennt man das mit Pelzstreifen Besetzen von Verschlußrändern, Ausschnitten und Säumen bei eleganter Garderobe. Dem fertiggearbeiteten Ausschnittrand oder Saum wird der mit Futter belegte Pelzstreifen hohl aufgenäht (Abb. 150).

Abb. 151

Versäubern

Vor dem Versäubern der Nähte müssen die Fädchen an den Schnittkanten abgeschnitten und die Nähte ausgebügelt werden.

Schnell und exakt lassen sich die Schnittkanten mit Zickzack (Stichlänge 2 und Stichbreite Einstellung 4) umnähen (Abb. 151).

Die Nahtzugabe wird so unter das Steppfüßchen gelegt, daß die Nadel im Wechsel in den Stoff und genau neben den Stoff sticht. Die Fadenspannung darf nicht zu straff sein, da die Kante sich sonst zusammenzieht.

Bei leicht ausfransenden Stoffen ist es angebracht, die Nahtränder umzusteppen. Hierzu werden die Schnittkanten nach links umgelegt und dicht neben dem Bruch durchgesteppt, danach beschnitten und ausgebügelt. Die Ränder dürfen sich nicht nach außen durchdrücken. Durch zwischengeschobene Papierstreifen beim Bügeln kann man es verhindern (Abb. 152).

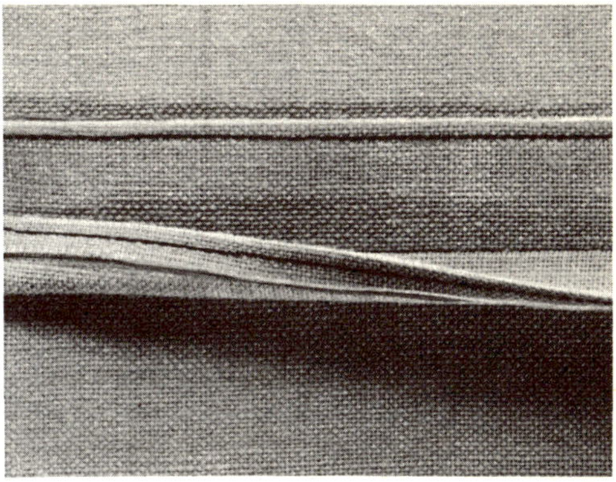

Abb. 152

Eine andere Art der Versäuberung ist das Gegeneinandernähen der Nahtränder. Bei dünnen Stoffen kann man beide Nahtränder nach innen umbiegen und hohl gegeneinandernähen (Abb. 153).

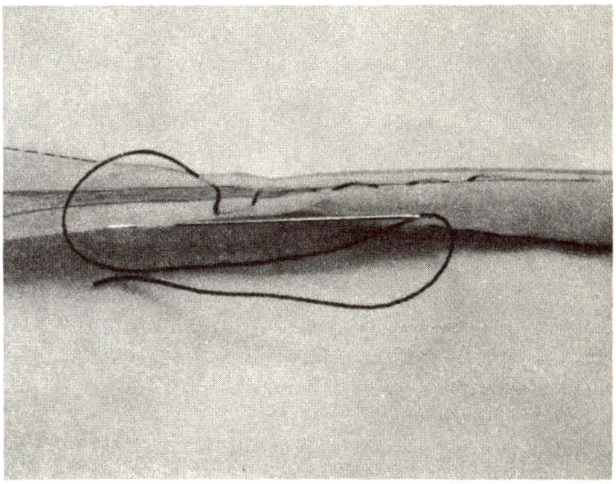

Abb. 153

Umwirbeln. Duftige, durchsichtige Stoffe versäubert man mit Rollsaum. Der Stoff wird zwischen Daumen und Zeigefinger der linken Hand ca. 0,5 cm fest zusammengerollt und mit kleinen überwendlichen Stichen mit Gütermann 100/3 umnäht (Abb. 154).

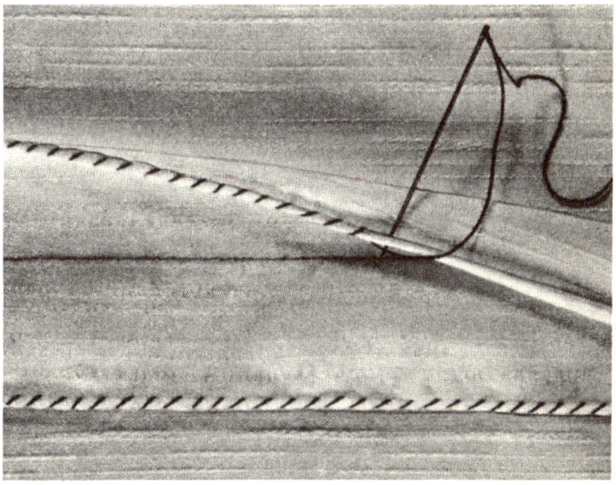

Abb. 154

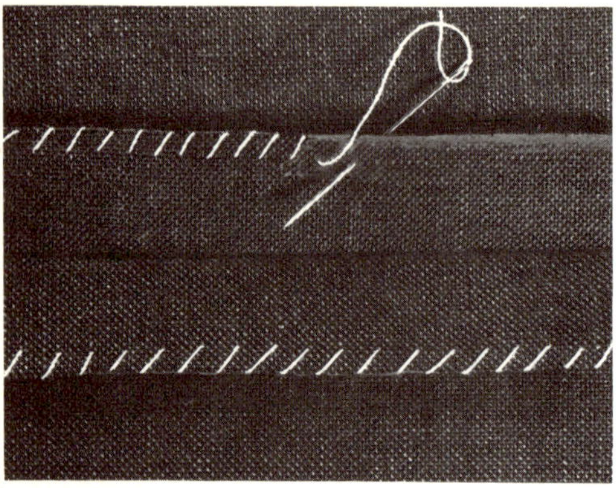

Abb. 155

Umstechen ist die bekannteste Methode, die Nähte zu versäubern. Die auseinandergebügelten Nahtränder werden mit kleinen überwendlichen Stichen umnäht, dabei darf der Faden nicht straff angezogen werden, damit der Stoffrand sich nicht einrollt (Abb. 155).

Nahtränder von Flausch oder tuchartigen Stoffen, die nicht leicht ausfransen, können mit der Zackenschere beschnitten werden. Ist keine Zackenschere vorhanden, kann man die Zacken auch mit einer scharfen und spitzen Schere erst in der einen Richtung ein- und dann entgegengesetzt dazu ausschneiden.

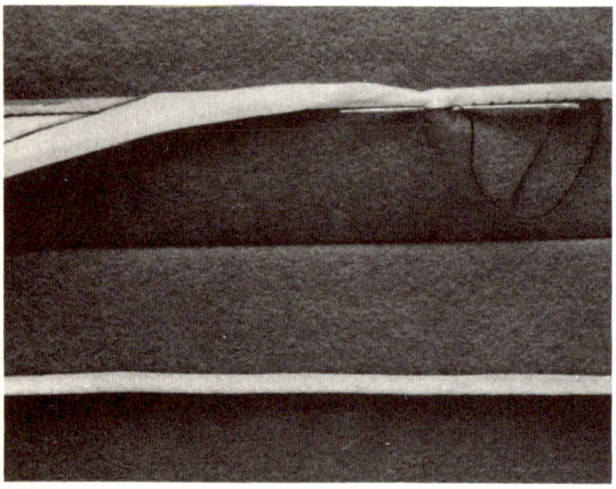

Abb. 156

Bei nichtgefütterten Jacken und Mänteln werden die Nahtränder sehr akkurat mit Tresse oder Schrägstreifen eingefaßt. Der Schrägstreifen wird schmalkantig rechts auf rechts auf den Schnittrand gesteppt, nach links umgelegt und innerhalb der Ansatznaht mit Vorstichen gegengenäht (Abb. 156).

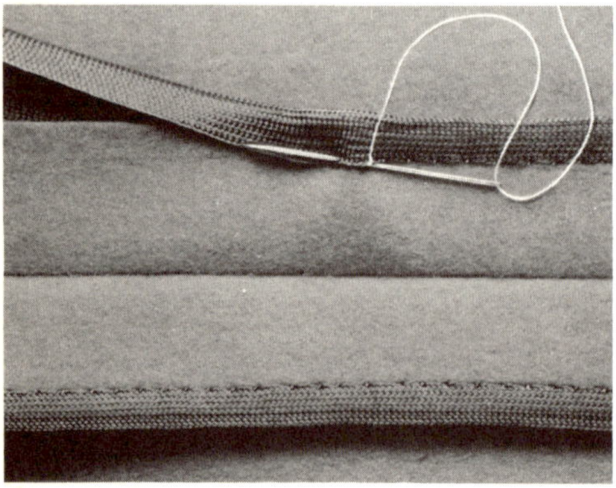

Abb. 157

Tresse zum Einfassen der Nähte wird zur Hälfte gefaltet und gebügelt. Zwischen die beiden Tressenränder wird die Nahtkante geschoben und mit Handstichen, die durch den oberen Tressenrand, den Nahtrand und den unteren Tressenrand fassen, mit Gütermann 100/3 festgenäht (Abb. 157).

Verschlußränder

bestehen aus Übertritt und Untertritt. Der Verschlußrand wird meistens aus doppeltem Stoff mit einer Einlage gearbeitet. In den Übertritt arbeitet man die Knopflöcher, auf den Untertritt näht man mit Gütermann 30/3 die Knöpfe.

Bei dem **verdeckten Verschluß** wird die linke Seite des Verschlußrandes in gewohnter Weise gearbeitet (siehe Belag). Dem rechten Verschlußrand und dem Belagstreifen wird eine Einlage aufgeheftet. In der Länge des Verschlusses werden beide Teile für sich mit einem Futterstreifen verstürzt mit Gütermann 100/3 genäht.

Vor dem Wenden des Futters müssen die Nahtränder der Einlage bis zu den Stepplinien abgeschnitten und die übrigen eingezwickt werden. Die Nahtränder werden durchgeheftet und gut ausgebügelt. In den Belagstreifen werden die Knopflöcher gearbeitet.

Den Belag heftet man nun 2 mm hinter dem Verschlußrand auf den Oberstoff und steppt ihn ober- und unterhalb der Verschlußlänge auf den Oberstoff. Der Belag wird nun nach innen gewendet, die Kanten durchgeheftet und gut ausgebügelt. Nach der Schnittangabe wird die Verschlußkante von rechts mit Gütermann 100/3 durchgesteppt (Abb. 158).

Die Verschlußränder werden zwischen den Knopflöchern mit kleinen Riegeln zusammengehalten.

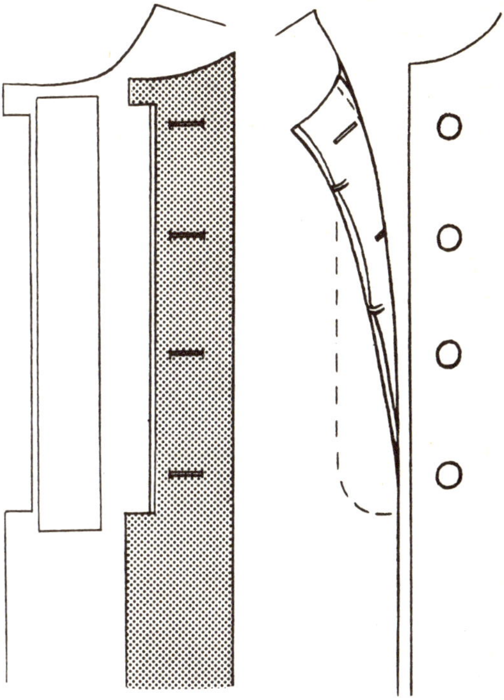

Abb. 158

Verstürzt

annähen heißt, mit Belagstreifen oder Formstreifen versäubern.

Der Belag wird dem Stoffteil so aufgeheftet, daß die rechte Seite des Belages auf der rechten Stoffseite (Außenseite) des Arbeitsstückes liegt (Abb. 159).

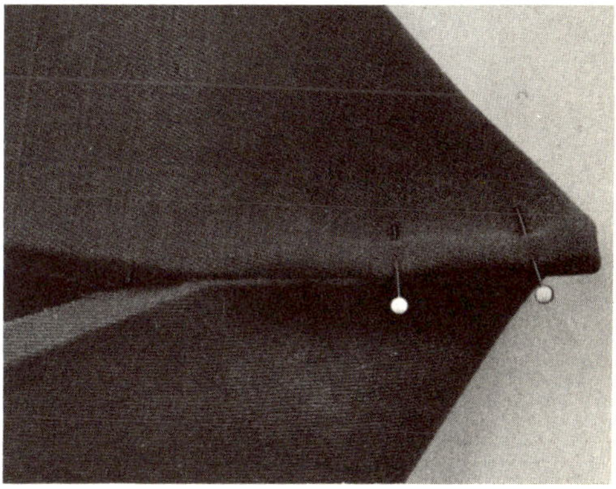

Abb. 159

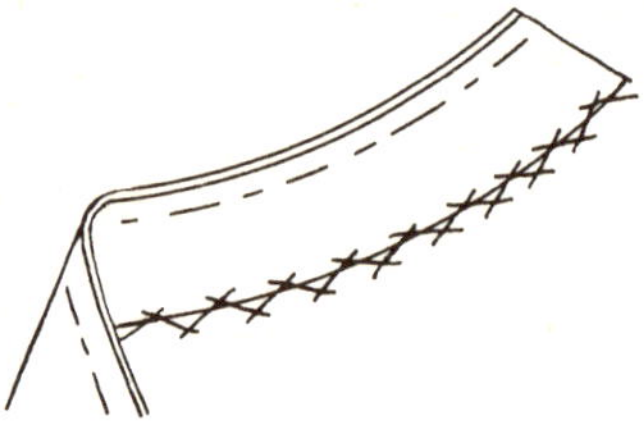

Abb. 160

Die Teile werden schmalkantig mit Gütermann 100/3 zusammengesteppt. Nachdem die Heftfäden entfernt sind, werden die Teile so gewendet, daß die Naht zwischen beiden Stofflagen liegt. Die Naht wird im Bruch gut durchgeheftet und unter feuchtem Tuch ausgebügelt (Abb. 160).

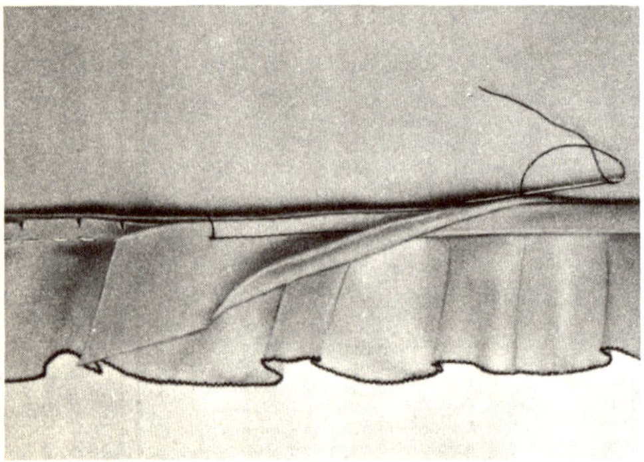

Abb. 161

Volants

Für Volants werden kreisförmige Teile ringförmig ausgeschnitten, fadengerade aufgeschnitten und mit einfacher Naht aneinandergenäht. Der äußere Rand der runden aneinandergesetzten Teile wird mit Zickzackstich mit Gütermann 100/3 umnäht. Der innere Rand wird in kleinen Abständen wenig eingekerbt und rechts auf rechts in gerader Linie dem Kleidungsstück aufgesteppt.
Für Waschstoff ist es ratsam, den Volant mit Schrägstreifen anzusetzen und ihn damit zu versäubern (Abb. 161).

Vorstich

siehe Handstiche.

Wäschenähte

müssen besonders widerstandsfähig sein. Sie werden mit kleinen Stichen genäht und die Nahtenden durch Rückstiche gut gesichert. Typische Wäschenähte sind die Kappnaht mit ihren Variationen und die französische oder Doppelnaht, bei denen die Schnittkanten der Nahtränder fest eingeschlossen werden. Siehe auch die Beschreibung bei „Nähten".

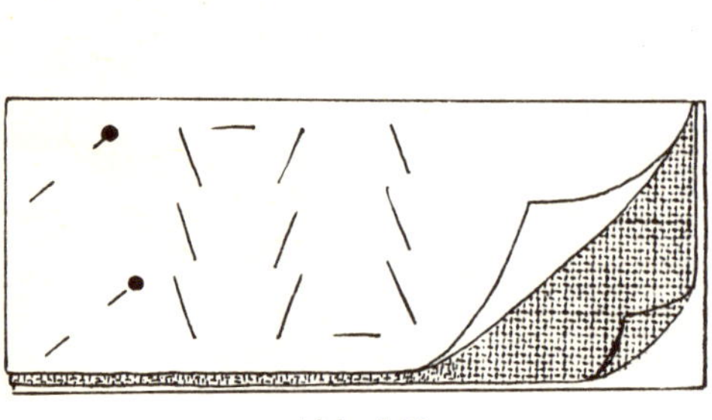

Abb. 162

Wattestepperei

Oberstoff, Watteeinlage und Futter werden mit Heftstichen in mehreren Reihen aufeinandergeheftet (Abb. 162).

Geradlinige Steppereimuster lassen sich auf großen Flächen mit dem Kantenfuß und dem Wattierlineal schnell und gleichmäßig mit Gütermann 100/3 steppen. Mit dem verstellbaren Wattierlineal hält man parallellaufende Linien im gleichen Abstand (Abb. 163).

Bei schräggestellten Mustern ist es ratsam, mit Zickzackstich zu arbeiten, da dann die Elastizität des Stoffes erhalten bleibt. Die Wattestepperei wird mit großen Stichen und lockerer Fadenspannung ausgeführt.

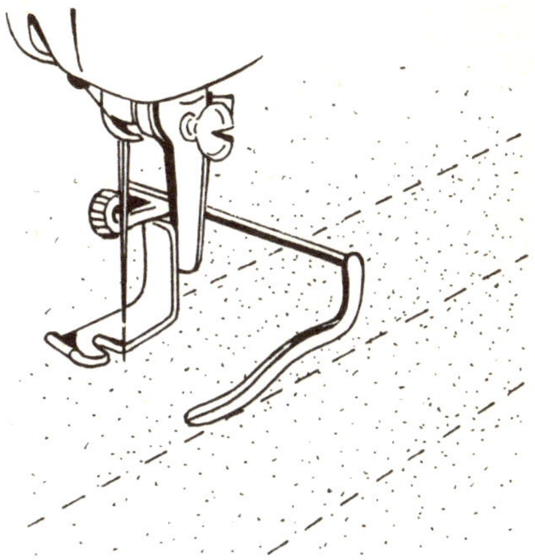

Abb. 163

Webekante
siehe Teil 2 „Das Zuschneiden".

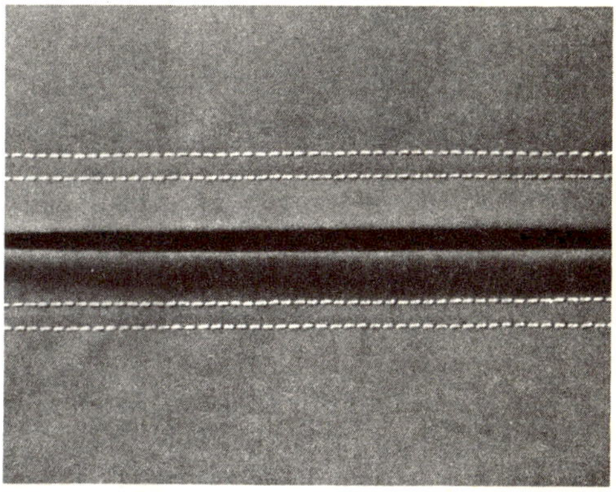

Abb. 164

Wenden
Für verstürzt genähte und gedoppelte Teile werden die Stofflagen rechts auf rechts aufeinandergelegt, geheftet und mit Gütermann 100/3 zusammengesteppt. Nun werden die Stoffteile auseinandergeklappt und so umgebogen, daß die Naht in der Mitte zwischen den beiden Stofflagen liegt. Die Kante wird durchgeheftet und unter feuchtem Tuch gut ausgebügelt (siehe auch „Verstürzen").

Abb. 165

Ziersteppnähte
sind an sportlicher Kleidung sehr beliebt und lassen sich mit großer Sticheinstellung (lockere Fadenspannung) mit der Maschine schnell ausführen. Besonders plastisch erscheinen die Nähte, wenn auf der linken Seite des Kleidungsstückes ein breiter Nahtrand beim Steppen mit Gütermann 30/3 mitgefaßt wird (Abb. 164 und 165).

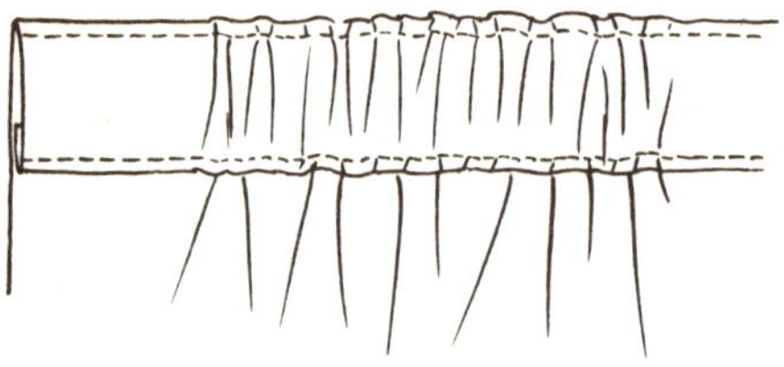

Abb. 166

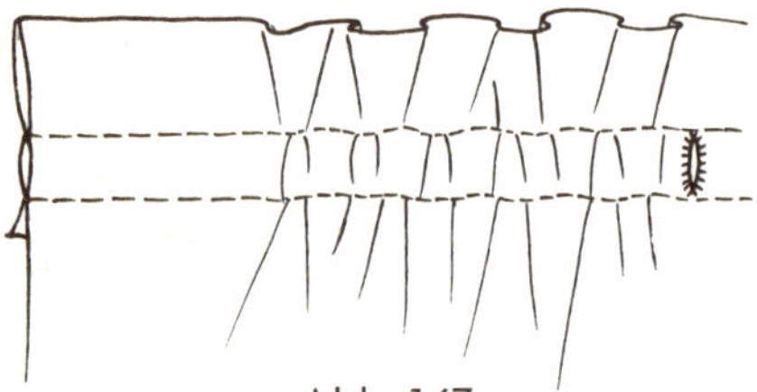

Abb. 167

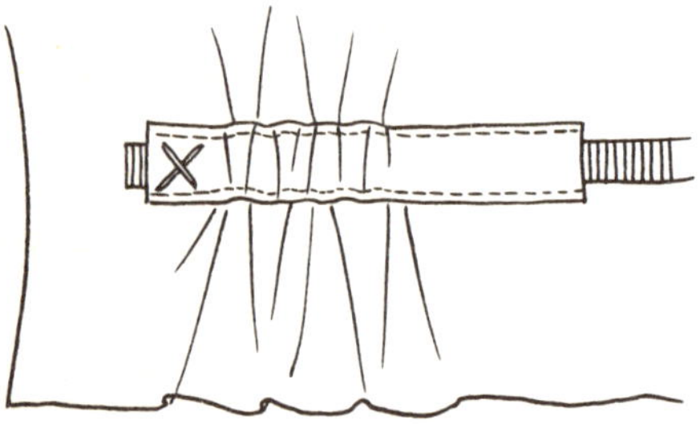

Abb. 168

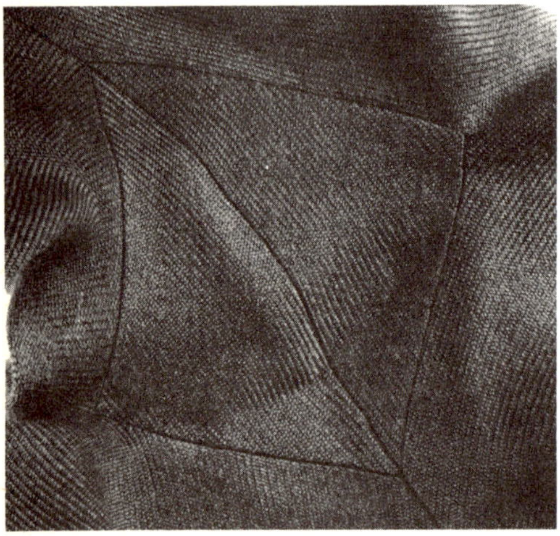

Abb. 169

Zugsaum

Ein Zugsaum ist in der Regel mit Gummizug versehen. Den Rand in Breite des Gummibandes + 1 cm umlegen, schmal eingeschlagen aufsteppen und am oberen Rand nochmals knappkantig absteppen. Oder einen falschen Saum in entsprechender Breite verstürzt gegensteppen (Abb. 166).

Für einen breiten Zugsaum mit Köpfchen wird der Stoff entsprechend breit nach links umgebogen und in zwei Reihen (der Breite des Durchzugbandes entsprechend) mit Gütermann 100/3 abgesteppt. Für das Einziehen des Bandes wird ein kleiner Schlitz mit Knopflochstichen ausgenäht (Abb. 167).

Für den falschen Zugsaum wird ein gerader Stoffstreifen (in der Breite des Durchzugbandes + Nahtzugabe) zugeschnitten. Die Nahtzugabe wird an beiden Seiten umgebogen und der Streifen schmalkantig an beiden Längsseiten dem Oberstoff mit Gütermann 100/3 aufgesteppt. Es ist ratsam, den Schlitz zum Einziehen des Gummibandes in die Naht zu legen oder bei kurzen Zugblenden das Gummiband seitlich anzunähen (Abb. 168).

Zwickel

werden auch Keile genannt, sie geben angeschnittenen Ärmeln mehr Bewegungsfreiheit (Abb. 169). Kurzen Einschnitten, die auf die Achselhöhle zielen, werden sie auf verschiedenerlei Art eingesetzt. Um das Ausfransen der Ecken beim eingesetzten Zwickel zu vermeiden, müssen diese Stellen besonders gesichert werden. Bei dicken Stoffen nimmt man hierfür Taft oder Popeline, bei dünnem Material kann man den gleichen Stoff zum Unterlegen verwenden.

Man steppt mit kleinen Maschinenstichen schräge Stoffstücke auf die Einschnittlinie im Oberteil. Nun wird die Ecke bis an die Stepplinie eingeschnitten, dabei dürfen die Nähfäden nicht beschädigt werden. Die Belagteile werden nach links umgebogen und so festgebügelt, daß die Naht 1 mm nach innen geschoben wird (Abb. 170).
Jetzt wird die Seitennaht des Kleides geschlossen und die Nahtzugabe des Zwickelausschnitts umgebogen. In dieser Umbruchlinie wird der Zwickelausschnitt von rechts mit Hohlstichen auf den im schrägen Fadenlauf zugeschnittenen Zwickel geheftet. Von links wird in dieser Linie der Zwickel mit der Maschine mit Gütermann 100/3 eingesteppt. Die Ecken muß man mit einigen Rückstichen sichern.
Etwas einfacher und auch haltbarer ist es, wenn die Einschläge des Zwickelloches schmalkantig auf den Zwickel gesteppt werden (Abb. 170).
Es gibt noch eine dritte Möglichkeit, bei der die Ecken nicht verstürzt, sondern nur umstochen werden. Die Nahtzugaben des Zwickels werden umgebügelt und der Zwickel wird dem Zwickelausschnitt schmalkantig aufgesteppt. Diese Verarbeitung ist sehr einfach, wirkt aber ziemlich grob und ist nur bei fest und dicht gewebten Stoffen zu empfehlen.

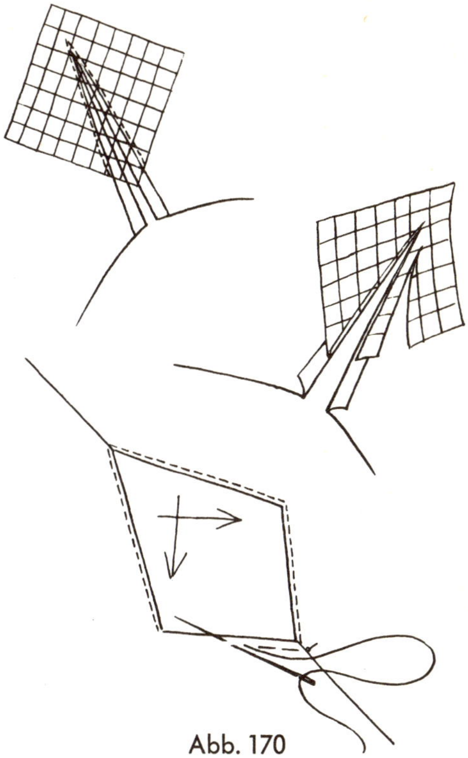

Abb. 170

Zwirbeln oder Drehen

einer Schnur (Abb. 171) hat den Vorteil, daß man sie sich in jeder gewünschten Farbe und Dicke selbst arbeiten kann. Man schneidet sich mehrere Fäden aus Wolle oder Garn, jeden etwa 5mal so lang wie die fertige Länge sein soll. Dann faßt man die Fäden zusammen, hängt sie über einen Haken und zwirbelt die zusammengefaßten Enden in einer Richtung dicht umeinander, so daß sie fest gedreht werden. Vorher hat man an einen Scherengriff eine Fadenschlinge geknotet,

Abb. 171

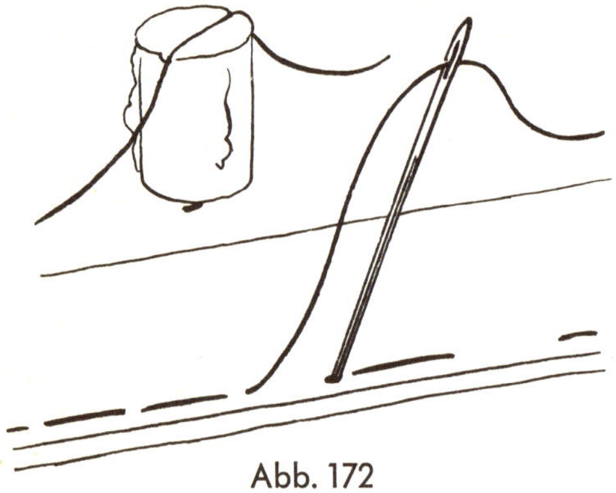

Abb. 172

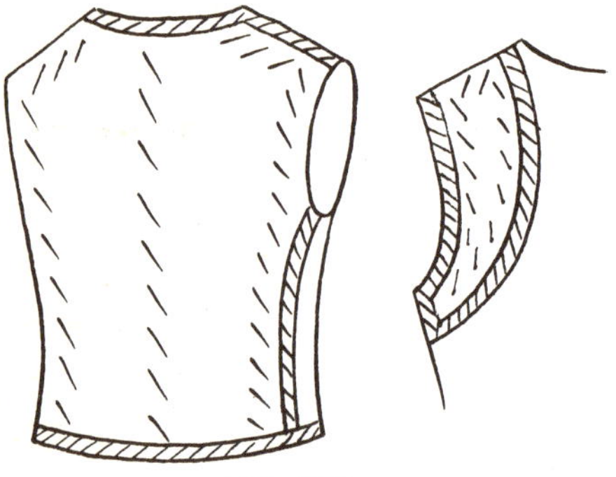

Abb. 173

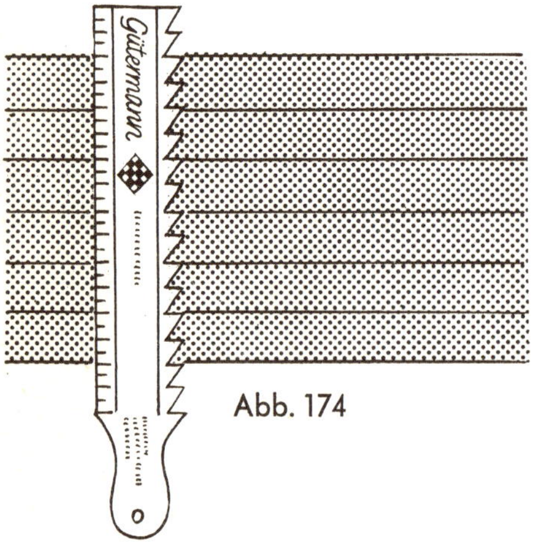

Abb. 174

steckt nun das gedrehte Ende durch diese Schlinge und hält Anfang und Ende der Schnur aneinander. Jetzt dreht sich die durch die Schere beschwerte Schnur freihängend zu einer festen Kordel auf.

Zwirn wachsen

Für das Schneiderknopfloch verwendet man Zwirn als Einlage, den sogenannten Quispel. Damit dieser Einlagefaden besonders haltbar wird, zieht man ihn einige Male durch eine Wachskerze oder ein Stück Rohwachs (Abb. 172).
Auch die Nähfäden für Lederarbeiten sollte man auf diese Weise präparieren, sie können dann nicht so leicht durchschleißen. Da man Leder mit einer geschliffenen Ledernadel näht, muß man bei Rückstichen vermeiden, in ein schon genähtes Stichloch einzustechen. Der Nähfaden würde, selbst wenn er mit Wachs präpariert wurde, sonst leicht angeschnitten werden (Abb. 172).

Zwischenfutter

wird meistens aus wattiertem Steppstoff oder Futter mit Wollwattelineauflage gearbeitet und wird nach dem Mantel oder Jackenschnitt zugeschnitten. Es kann halb- oder dreiviertellang sein und wird zwischen Oberstoff und Futter des Kleidungsstückes genäht. Die Schnittkanten des Zwischenfutters müssen mit Schrägstreifen, Nahtband oder Tresse versäubert werden (Abb. 173).

Zwischenräume anzeichnen

Stepplinien, Biesen, Fältchen und Blenden wirken nur gut, wenn sie in genau gleichem Abstand nebeneinander laufen und die einheitliche Breite haben. Das Handmaß von Gütermann hilft beim Aufzeichnen der Abstände und Linien. Man kann es bequemer halten als ein Maßband, und außerdem liegt es beim Anzeichnen flacher auf (Abb. 174).

Teil 2 Ratschläge für die Schneiderarbeit

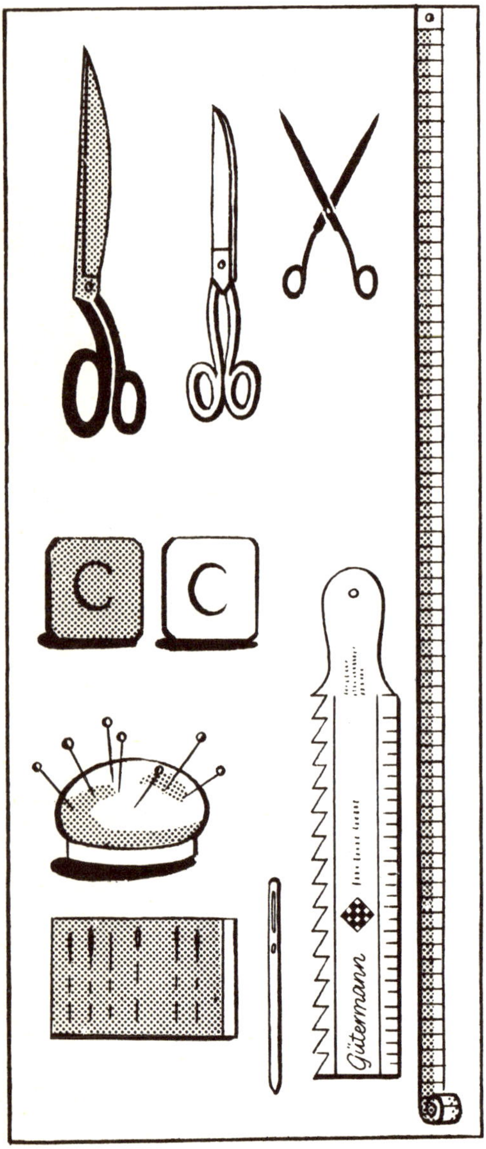

Teil 2

Wichtige Arbeitsgeräte

Für die Schneiderei braucht man:

Eine große Schere zum Zuschneiden von besonders dicken Stoffen

Eine kleinere Schere zum Zuschneiden von allen anderen Stoffen

Eine kleine spitze Schere zum Abschneiden der Fäden und zum Einschneiden von Ecken und Knopflöchern

Schneiderkreide in verschiedenen Farben für helle und dunkle Stoffe

Ein Zentimetermaß mit einem Loch, damit es sich als Zirkel verwenden läßt, 150 cm lang, aus nicht zu dickem Material

Stecknadeln, feine, nichtrostende, die keine Einstichstellen in zarten und hellfarbigen Geweben hinterlassen

Ein Handmaß zum Abmessen von Säumen und Falten (von Gütermann)

Stecknadeln mit großen bunten Köpfen für lose gewebte Stoffe

Nähnadeln in verschiedenen Stärken

Eine Durchzugsnadel zum Einziehen von Gummikordel oder Band und zum Durchziehen von Schrägröllchen

Einen Fingerhut, der gut paßt, aus unzerbrechlichem Material

Einen kleinen Vorrat von:
Heftgarn (Reihgarn), Baumwollgarn 24/2fach
Nähgarn, Nähseide, synthetisches Nähgarn (siehe Tabelle „Nadel und Faden")

Ein Trennmesser

Ein Lineal, 20 cm lang, zum Markieren von Taschen und Knopflöchern

Ein Lineal zum Verlängern von Rockbahnen von 50 cm Länge

Ein Kopierrädchen zum Ausradeln der Schnitteile vom Bogen

Einen Rockabrunder, mit dem man ohne Hilfe den Rocksaum leicht abkreiden kann

Ein Bügeleisen, möglichst mit Temperaturregler, da manche synthetische Stoffe nur geringe Hitze beim Bügeln vertragen (Perlon, Trevira usw.)

Ein Bügelbrett, gut gepolstert, mit auslaufender Spitze, in bequemer Höhe

Ein Ärmelbrett, gut gepolstert, mit auswechselbarem Nesselüberzug

Ein Bügelkissen zum Bügeln von Ärmeln, und wenn auf der Hand gebügelt werden muß

Zwei Bügeltücher, eins aus Leinen und eins aus Wolle

Eine große, glatte Tischfläche zum Zuschneiden auch breiterer Stoffe

Eine Nähmaschine mit Zickzack-Automatic ermöglicht eine korrekte Schneiderarbeit.

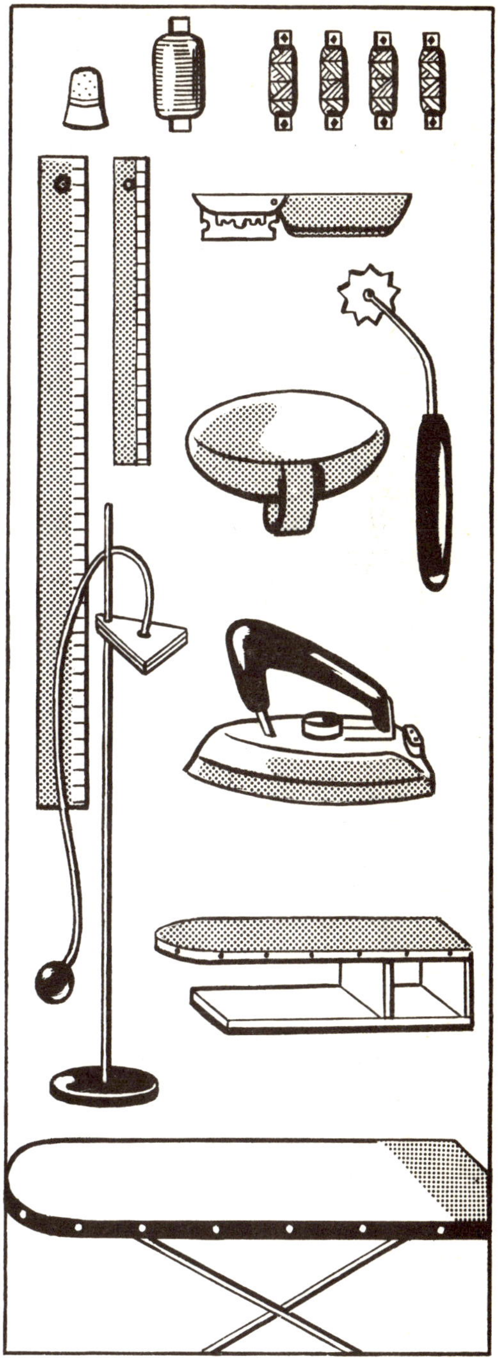

Kleid und Typ

müssen miteinander harmonieren, wenn Sie eine gutangezogene Frau sein wollen. Maßgerecht geschneidert wirkt Ihr Kleid tadellos, jedoch bedeutet es nicht unbedingt, daß es Ihnen auch „gut steht" – und das ist ja Ihr Ziel.

Dazu müssen Sie erkennen was Ihr Typ verlangt, was Ihre Eigenart unterstreicht oder wo die kleinen Schwächen Ihrer Figur liegen, die es zu verdecken gilt.

Zum Erkennen Ihres Typs gehört nicht nur die Feststellung, daß Sie groß oder klein, schlank oder das Gegenteil sind. Ihr Spiegel muß Ihnen verraten, ob die Bezeichnung „zierlich" oder „kompakt" eher auf Sie zutrifft. Sie müssen sich klar werden, ob zu Ihrer Haarfarbe und zu Ihrem Teint besser klare oder gedeckte Farben passen. Alter und Wesensart sind auch in Betracht zu ziehen und bestimmen ebenfalls Farbe und Stoffmuster sowie die Schnittform Ihres Modells. All diese Überlegungen sollten Sie ohne Beschönigungen anstellen und danach Ihren Typ erkennen.

Ihre Modezeitschrift NEUER SCHNITT wird Sie gut beraten, denn alle gezeigten Modevorschläge sind harmonisch auf die dargestellte Trägerin abgestimmt und geben Ihnen ein gutes Vorbild.

Bevor Sie sich zu einem Schnitt entschließen, sollten Sie sich Ihren Stoff vorm Spiegel anhalten. Stoffmuster und der mehr oder weniger fließende Fall des Gewebes sollten bei der Schnittwahl mitbestimmen. Auch hier gewinnt das Ganze, wenn diese Dinge miteinander harmonieren.

Die schneidertechnische Ausarbeitung muß sehr genau und einwandfrei sein, dann wirkt Ihr Selbstgeschneidertes wie ein Modell und für Ihre Umgebung beneidenswert.

Studieren Sie die Anleitungen dieses Buches und Sie werden müheloser arbeiten.

Haben Sie **eine volle Figur,** dann ist Vorsicht am Platze mit kräftigen Farben, glänzenden Stoffen, breiten Längs- und Querstreifen, großen Karos und sonstigen auffallenden Mustern, schwingenden Röcken und großen Kragen. Vorzuziehen sind feingewebte, weichfallende Stoffe in diskreter Farbstellung, zarten Streifen- oder kleinem Phantasiemuster. Wer aber in bezug auf Kleidung ausgesprochen mutig ist, der darf dann auch Kritik nicht übelnehmen (Abb. 175).

Abb. 175

Abb. 176

Kleine Zierliche dürfen lebhafte Farben und Muster wählen, dazu auch raffinierte Schnitte. Taillenbetonte Kleider, Kostüme und Mäntel, mäßig weite Röcke und enge Ärmel sind vorteilhaft.

Nur sollten sie auf jeden Fall große Karos, große Blumenmuster, große aufgesetzte Taschen sowie zu lange Jumper und zu kurze Röcke vermeiden (Abb. 176).

Für **Figuren mit breiten Hüften** ist es vorteilhaft, ein interessant geschnittenes Oberteil zu wählen, Kragen oder Ausschnittränder besonders zu betonen (mit Pelz- oder Samtbesatz). Zu enge Röcke und jegliche Hüftbetonung wie Taschen, Patten und Hüftdrapierungen sollten vermieden werden. Dagegen sind Längsstepplinien und schmale Faltengruppen im Rock günstig (Abb. 177).

Abb. 177

Abb. 178

Wer **groß und schlank** ist, hat es durchaus nicht immer einfach sich vorteilhaft zu kleiden. Hier helfen füllige Modellformen, also reichlich Stoff, eine Unterlage aus Vlieseline, weiche Falten, Drapierungen zur Betonung der Büste, Falten oder Glocken im Rock und aufgesetzte Taschen und sonstige Garnierungen (Abb. 178).

Der **Gesamteindruck** muß harmonisch sein. Das neue Kleidungsstück sollte auch zur übrigen Garderobe passen, und bei der Wahl Schmuck, Handschuhe, Taschen, Hut, Schuhe und der Mantel ebenso in Betracht gezogen werden wie die Frisur, die Haarfarbe und der Teint. Es ist ratsam, die Kleidung auf eine Grundfarbe, grau oder braun, abzustimmen, die sich besonders gut mit leuchtenden Modefarben kombinieren läßt.

Das Arbeiten mit Schnittmustern und Schnittmusterbogen Schnittänderungen

Für die Amateur-Schneiderin stehen fertig käufliche Schnittmuster und die Schnitte vom Bogen ihres Modeheftes zur Auswahl bereit. Suchen Sie sich ein Modell in Ihrer Größe, das Sie sich dann vom Schnittmusterbogen Ihres Modeheftes abnehmen können.

Das ist besonders leicht bei der Modezeitschrift NEUER SCHNITT mit dem Blickfangschnitt, dessen Verwendung sich speziell für den Anfänger empfiehlt. Die Modelle, deren Schnitt auf dem Bogen als Blickfangschnitt deutlich hervorgehoben sind, haben auf der Modeseite als besonderes Kennzeichen das stilisierte Auge. Beim Heraussuchen des Schnittes ist erfahrungsgemäß am besten folgende Reihenfolge einzuhalten. Auf den Modeseiten befindet sich unter jedem Modell die Angabe, auf welchem Bogen (A, B, C oder D) und unter welcher Schnittnummer (Schnitt Nr. 1, 2, 3 usw.) im Schlüssel (Arbeitsheft mit Anleitungen) oder nach Angabe im Schlüssel auf der Randleiste des Schnittmusterbogens die notwendigen Hinweise für das Auffinden der Schnitteile, das Zuschneiden und Nähen zu finden sind.

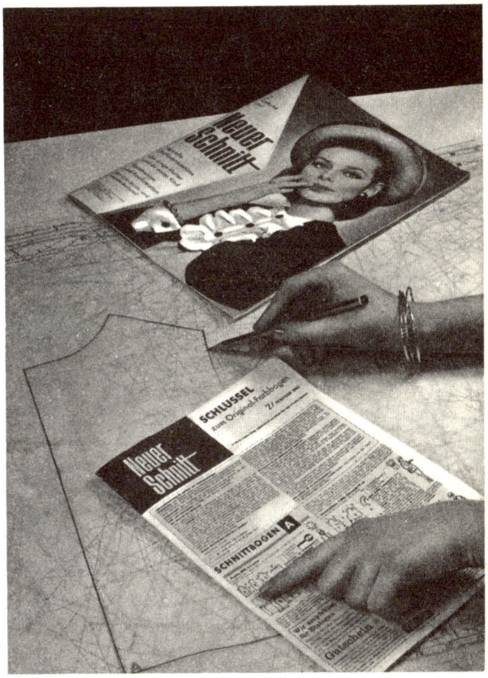

Abb. 179

Im Schlüssel befindet sich eine verkleinerte Abbildung des Modells, der Stoffverbrauch, eine Anleitung für das Verarbeiten, die verkleinerten Schnitteile, ihre Bogennummer, Umriß und die Bezeichnung. Am oberen und unteren Rand des Schnittmusterbogens erscheinen die Nummern der Schnitteile im Zahlensucher, ihre Umrißkonturen im Konturensucher wieder. Wenn man die Kontur verfolgt, dann hat man den gesamten Umriß des Schnitteiles.

Es ist gleich, ob man dieses Teil auf ein daruntergelegtes Papier durchradelt oder auf ein darübergelegtes, transparentes (durchscheinendes) Papier abpaust (Abb. 179). Mit dem Zeigefinger der linken Hand folgt man im Schlüssel dem Schnittumriß und gleichzeitig verfolgt man auf dem Schnittmusterbogen mit dem Bleistift oder dem Rädchen die Schnittkontur. So wie die Linienführung im Schlüssel ist, so ist sie auch auf dem Schnittbogen. Jede kleine Annähzahl erscheint gleichlautend im Schlüssel und im Schnittmusterbogen (Abb. 180). Mit allen anderen Zeichen und Einzeichnungen ist es dasselbe.

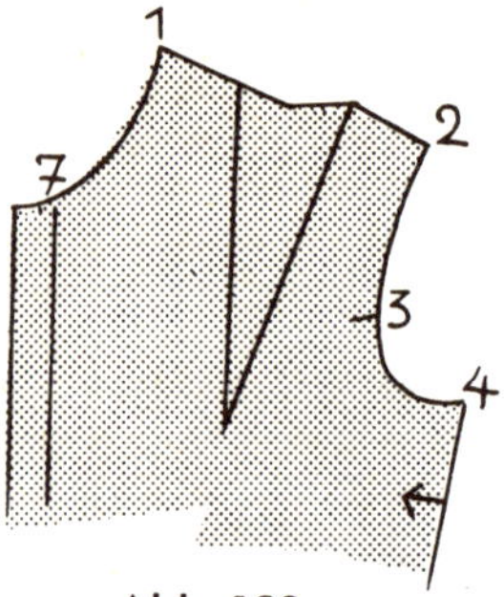

Abb. 180

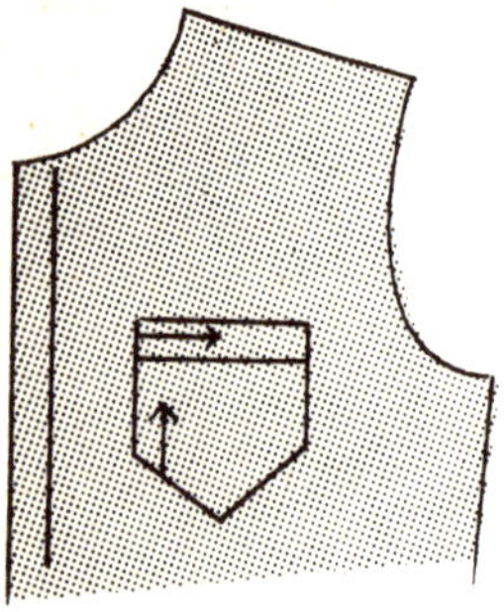
Abb. 181

Es ist sehr wichtig für das spätere Nähen nach dem Schnitt, daß alle Teile in den richtigen Umrissen und mit sämtlichen Bezeichnungen vom Schnittmusterbogen abgenommen worden sind.

Man beachte!

Taschen, Blenden und Besatzteile sind mit Angabe des erforderlichen Fadenlaufes in die Schnitteile eingezeichnet und müssen beim Abnehmen vom Bogen beachtet werden (Abb. 181).

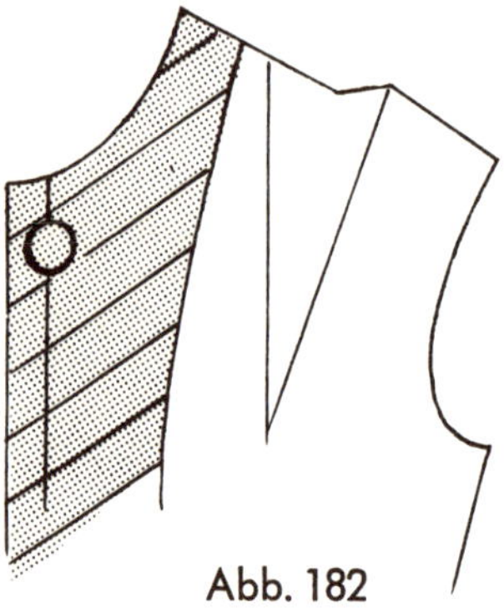
Abb. 182

Die in der Schnittverkleinerung schraffierte Fläche zeigt das Belagteil. Dieses muß später extra zugeschnitten werden. Es ist im Schnittmusterbogen nur durch eine Begrenzungslinie dargestellt mit dem Vermerk „Belagteil X" (Abb. 182). Ferner sind Abnäher eingezeichnet, deren Ansatzpunkte an der Außenkante mit kleinen Dreiecken, den sogenannten Stoppern, deutlich markiert sind (Abb. 183). Außerdem sind die Stellen bezeichnet, an denen der Stoff eingehalten oder gedehnt werden muß. Die Verschlüsse sind mit einem kleinen Pfeil markiert usw. Von einer gleichmäßig fortlaufenden Knopfreihe ist meistens nur der oberste Knopf angegeben. Die anderen Knöpfe sind entsprechend dem Modebild einzuzeichnen. Auch die vorderen Mitten der Schnitteile sind nicht immer ganz durchgezeichnet. Die angefangene

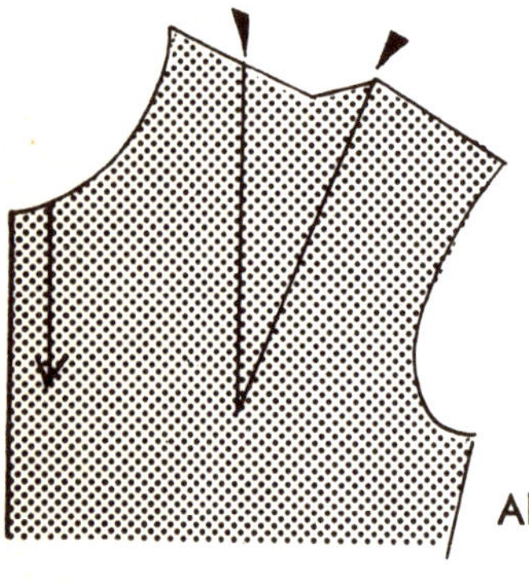
Abb. 183

gerade Linie der vorderen Mitte ist in der gleichen Richtung einfach zu verlängern.

Durch dieses Weglassen gewinnt der Schnittbogen an Übersichtlichkeit.

Große Teile mit geradliniger Kontur (meistens Rockteile), die wegen ihrer Länge nicht ganz auf dem Schnittmusterbogen unterzubringen sind, erhalten am Schnittmusterbogenrand einen Pfeil, einen Stern und eine Zentimeterangabe. Das bedeutet, daß sie vom Stern bis zum Endpunkt geradlinig um diese Zentimeterzahl zu verlängern sind. Die Saumlinie solcher Rockteile zeichnet man dann freihändig in der Form, wie sie aus der Schnittverkleinerung zu ersehen ist (Abb. 184).

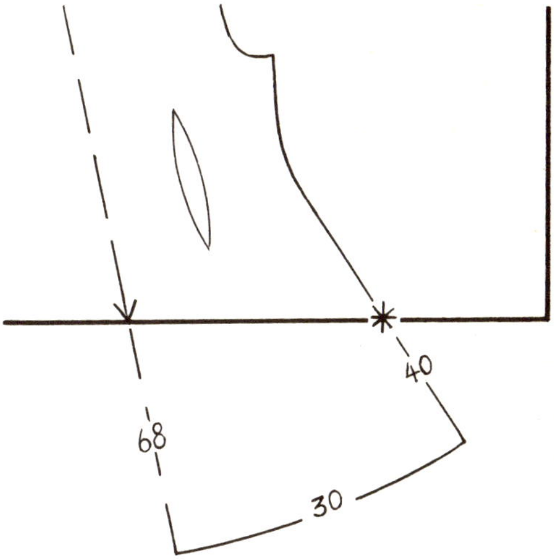

Abb. 184

Jeder Schnitt soll vor dem Zuschneiden anprobiert werden. Die Änderungen, die sich ergeben können, werden schon am Papierschnitt vorgenommen. Diese Methode der sogenannten Schnittanprobe kann ergänzt werden durch das Vergleichen der persönlichen Maße mit den Schnittmaßen. Beide Methoden werden getrennt beschrieben, damit sich jede Frau die für sie brauchbarste aussuchen kann. Das richtige Maßnehmen ist bereits bei der Auswahl der Schnitte wichtig. Die Größe wird bei Erwachsenenkleidung in Zentimetern der Oberweite angegeben. Zu diesem Maß tritt im Schnittmuster die kleidbedingte Zugabe; sie ist in den Schnitt eingearbeitet.

Die Oberweite wird mit mäßig straffgehaltenem Maßband über die höchsten Stellen der Brust und unter Einschluß der Schulterblätter gemessen; das Maßband liegt dabei im Rücken meistens höher als im Vorderteil (Abb. 185).

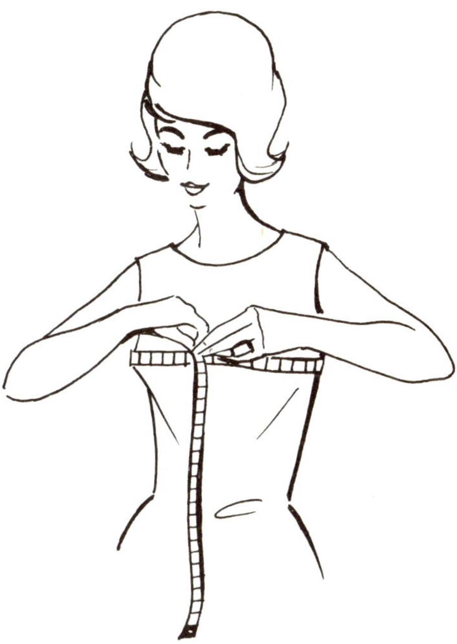
Abb. 185

Zu bedenken ist stets: Figuren mit gleicher Oberweite können trotzdem ganz unterschiedlich sein, und daher kann nicht oft genug auf größte Genauigkeit beim Maßnehmen hingewiesen werden.

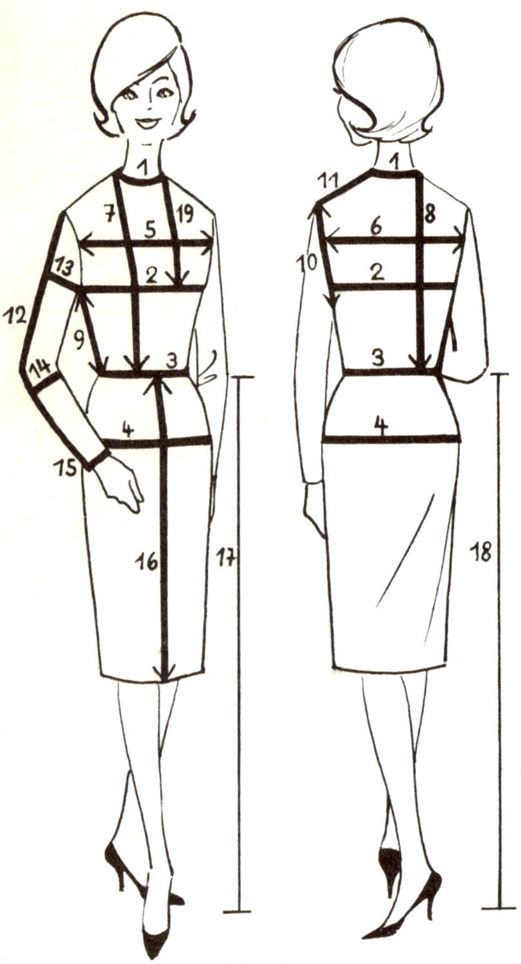

Abb. 186

Das Schema gibt die wichtigsten Maße an (Abb. 186):

1 Halsweite
2 Oberweite
(gut über Schulterblätter messen)
3 Taillenweite
4 Hüftweite
(ca. 20 cm unterhalb der Taille)
5 vordere Breite
6 Rückenbreite
7 vordere Taillenlänge
8 Rückenlänge
9 Seitenhöhe
10 Achselhöhe
11 Schulterbreite
12 Ärmellänge
13 Oberarmumfang
14 Unter-Ellenbogenumfang
15 Handgelenkumfang
16 Rocklänge vorn
17 ganze vordere Unterlänge
18 ganze rückwärtige Unterlänge
(je von Taille bis Boden)
19 Brusttiefe

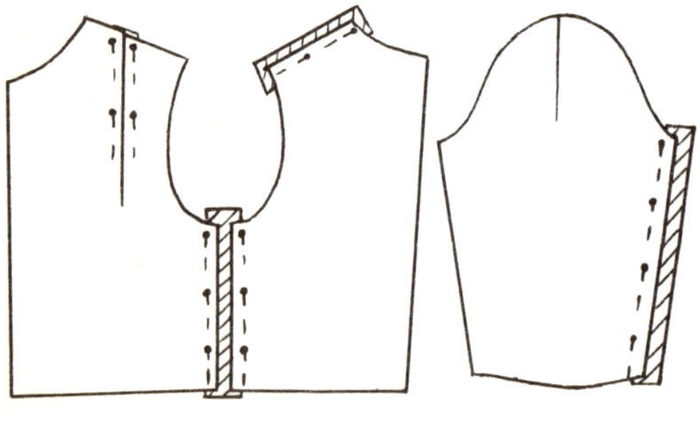

Abb. 187

Aus der Maßtabelle im Schlüssel sind die Maße zu ersehen, die bei der Aufstellung der Schnitte zugrunde gelegt wurden. Für die Schnittanprobe wird das Schnittmuster auf Papierstreifen zusammengesteckt oder mit Tesafilm gegeneinander- (nicht übereinander-)geklebt und über die linke Körperhälfte gezogen; bei ungleichseitigen (asymmetrischen) Modellen ist auch die rechte Schnitthälfte gegeben und ebenfalls überzuziehen (Abb. 187).

Schnittmuster abändern

Man sollte jedoch nie mehr als 1–2 cm ab- oder zunehmen, da sich sonst die Proportionen verschieben (Abb. 188).

Die nebenstehenden Abbildungen demonstrieren Umstellungen für kleine Figuren, wobei das Schnittmuster durch eingelegte Querfalten verkürzt wird. Für große Figuren wird an den Stellen, bei denen für die kleinen Figuren Falten im Schnittmuster abgelegt werden, das Muster durchgeschnitten, auseinandergelegt und mit einem Papierstreifen ergänzt.

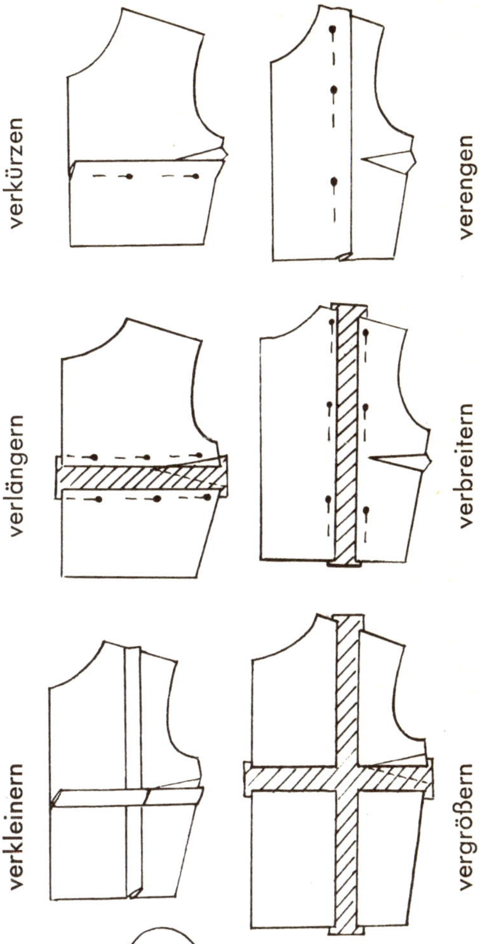

Abb. 188

Bei einer Figur, die über der Brust nicht so füllig wie im Schnittmuster vorgesehen ist, muß deshalb eine waagerechte Falte eingelegt werden (Abb. 189).

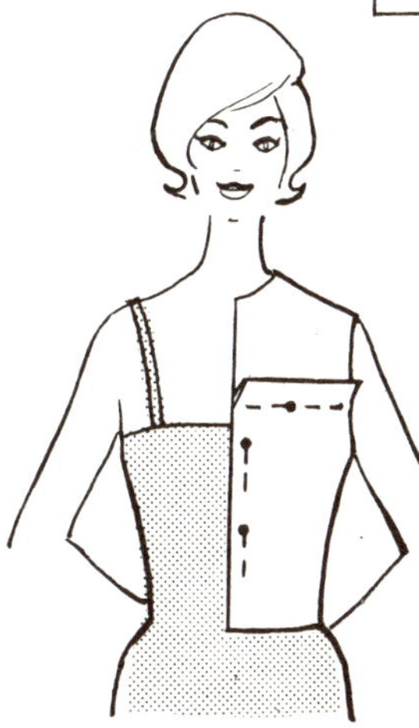
Abb. 189

Man steckt die vordere und die hintere Mitte mit Stecknadeln genau auf die Mitte des Unterkleides. Ist das Schnittmuster zu lang oder zu weit, so läßt sich die Stelle, an der es verkleinert werden muß, meistens leichter feststellen, als wenn das Muster zu knapp ist. Es ist deshalb zu empfehlen, nach Möglichkeit ein Schnittmuster zu benutzen, das um eine Nummer größer ist, als für Ihre Figur benötigt wird. Der Hinweis gilt natürlich nur für die Fälle, in denen ein genau passender Schnitt nicht zur Verfügung steht.

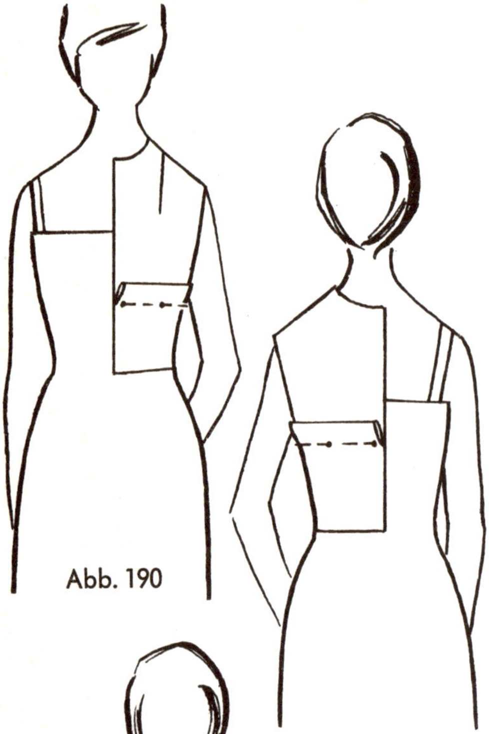

Abb. 190

Die Figur in der Abb. 190 ist in der unteren Partie des Vorderteils kürzer als der Schnitt, desgleichen ist die Seitenhöhe kurz. Diese Figur ist nebenstehend noch in der Rückenansicht dargestellt; hier stauchte der Schnitt oberhalb der Taillenlinie und wurde in Höhe der vorderen Querfalte ebenfalls verkürzt.

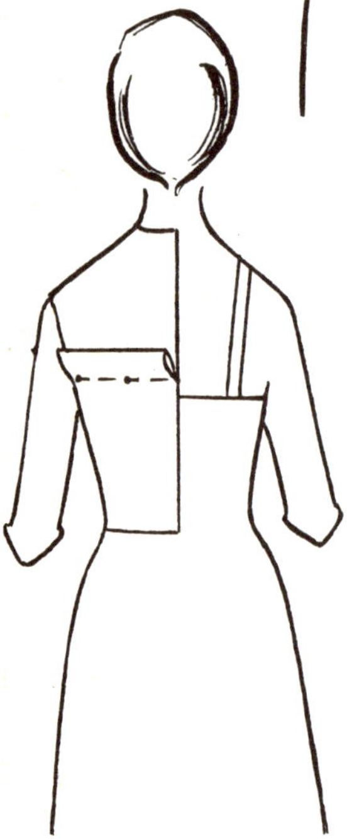

Abb. 191

Bei Figur Abb. 191 beult der Schnitt über den Schulterblättern, wie es bei einer sehr geraden Haltung vorkommt.
Auch hier wird das Schnittmuster an der Figur querherüber eingefaltet und dadurch verkürzt. Die Falten müssen gerade und nicht gerundet abgeknifft werden, da man ja das Schnitteil später beim Zuschneiden flach auf den Stoff legen muß. Hat man seitlich am Armloch noch zuviel Weite, muß man später den Stoff einbügeln oder an der Schulternaht durch Anheben das Teil verkürzen.

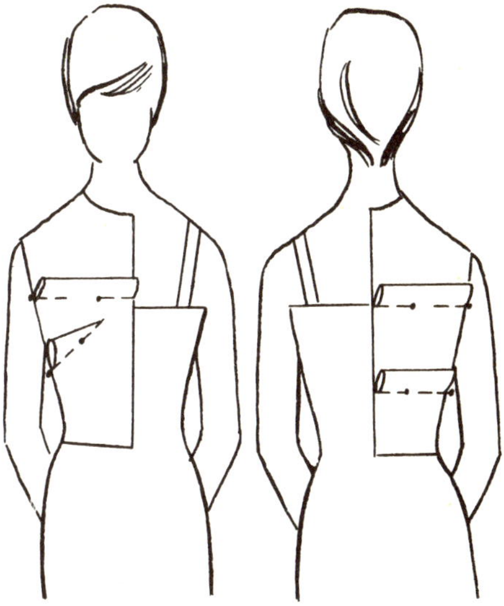

Abb. 192

Die untersetzte, aber volle Figur, die in der Abb. 192 dargestellt ist, hat meistens einen verkürzten Rücken, eine große vordere Taillenlänge und eine im Vorderteil nach unten verschobene Taillenlinie. Eine solche Figur benötigt fast immer einen seitlichen Brustabnäher und im Vorderrock einen ca. 2 cm tieferen Taillenausschnitt. Bei stärkeren Figuren ist der Schnitt noch senkrecht aufzuschneiden und mit einem Papierstreifen zu erweitern.

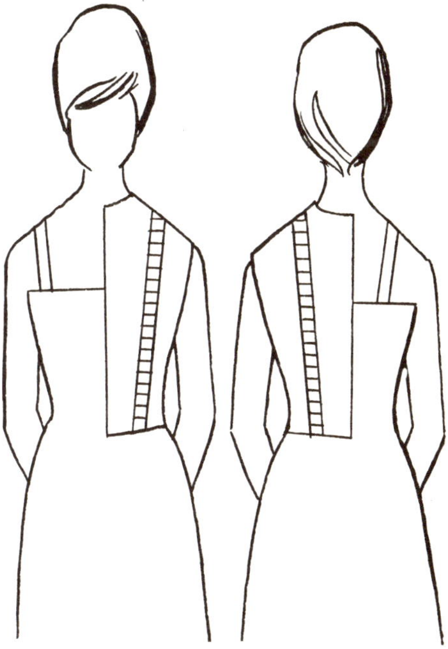

Abb. 193

Figur Abb. 193 hat eine größere Oberweite als das verwendete Schnittmuster. Nach der Schnittänderung ist die Taillenweite und die Schulterbreite zu überprüfen, weil sich dort noch kleine Korrekturen ergeben können. Die Schulter behält bei geänderter Oberweite oft ihr Maß und muß deshalb nach dem Aufschneiden der Oberweite wieder nach der alten Schnittlinie auf die erforderliche Breite gebracht werden.

Abb. 194

Abb. 194 zeigt das Verringern der Saumweite eines Glockenrockes durch Einlegen einer keilartigen Falte im Schnittmuster. Dabei ergibt sich in der Taille und am Saum des Rockschnittes ein Knick. Dieser ist vor dem Auflegen des Musters auf den Stoff auszugleichen, indem man ein Stück Papier unterklebt und darauf die Rocklinie ergänzt.

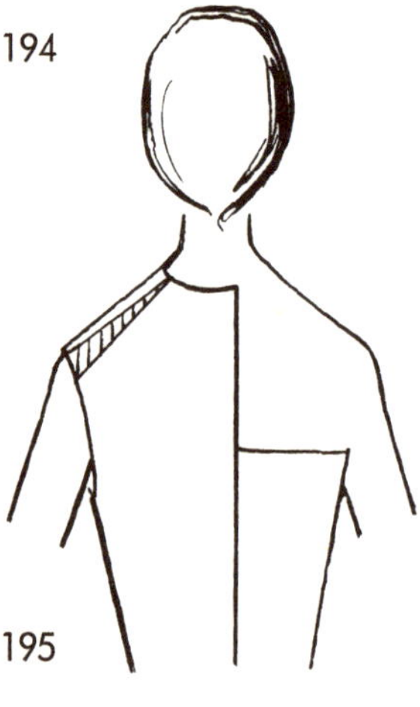

Abb. 195

Die Figur Abb. 195 hat besonders gerade Schultern oder das Kleidungsstück soll Polster erhalten. Hier ist die Schulternaht des Musters vom Armausschnitt her zu öffnen und so viel zwischenzufügen, daß die Schulterpartie glatt sitzt.

Oft ist diese Änderung erst am gehefteten Kleid zu erkennen. Es empfiehlt sich daher, die Schulternähte mit genügend breiter Nahtzugabe zuzuschneiden.

Schnittänderungen nach Maßvergleichen

Die Schnittänderungen lassen sich nach Maßvergleich in der gleichen Art vornehmen wie nach der Schnittmusteranprobe. Doch führt der Maßvergleich nach einiger Übung zu noch exakteren Ergebnissen. Bei ihm kommt es darauf an, zunächst die eigenen Körpermaße mit dem Maßband festzustellen und dann an den gleichen Stellen des Schnittmusters nachzuprüfen, ob diese den am Körper festgestellten Maßen entsprechen. Das Schnittmuster hat gegenüber den Körperabmessungen jedoch gewisse Zugaben in der Ober- und Hüftweite sowie im Ärmelumfang. Je nach Modell und Stoff sind diese größer oder kleiner.

Hier ein Beispiel: Im Rücken bildet sich unterhalb des Kragens eine solche häßliche Querfalte, wie hier in der Abb. 196 zu sehen ist. Was sagt der Maßvergleich?

Abb. 196

. Beispiel:	am Schnittmuster	am Körper
Rückenlänge	42 cm	42 cm
Achselhöhe	34 cm	38 cm

An den Maßen ist einwandfrei abzulesen, daß am Schnittmuster und am Körper die Rückenlänge übereinstimmen. Dagegen fehlen am Schnitt für eine besonders gerade Schulter (wie hier) 4 cm Weite über der Achsel. Ein starkes Schulterpolster wirkt sich ähnlich aus.

Änderung: An der Vorderschulter und an der Rückenschulter insgesamt 4 cm zugeben bzw. durch Papierteile ergänzen (Abb. 197).

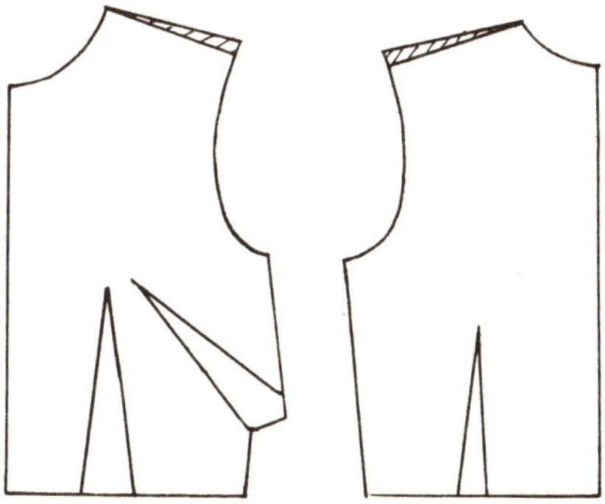

Abb. 197

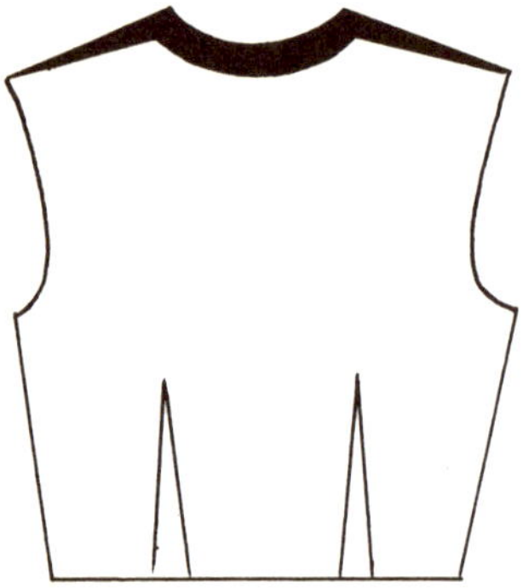

Abb. 198

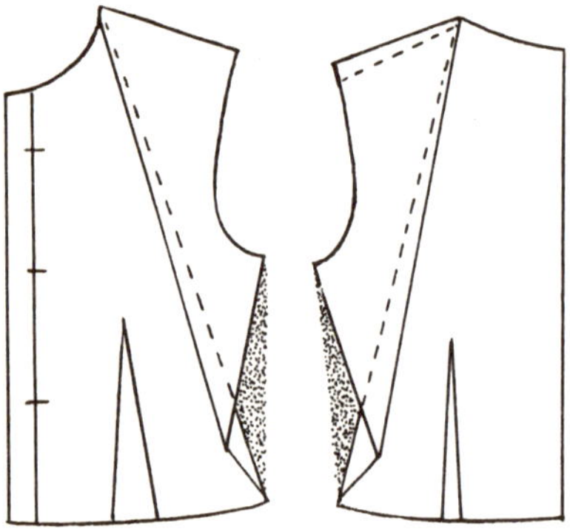

Abb. 199

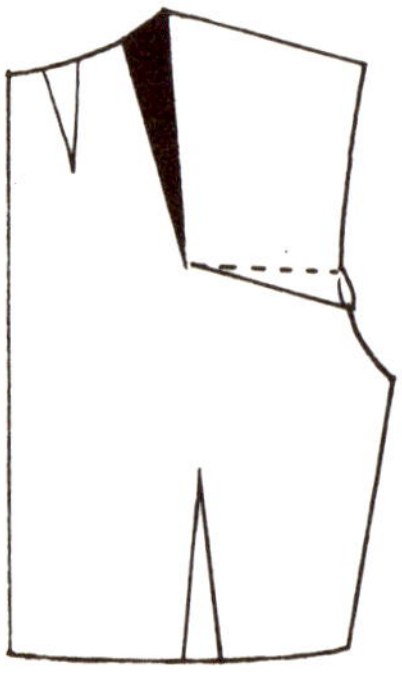

Abb. 200

2. Beispiel:	am Schnittmuster	am Körper
Rückenlänge	42 cm	40 cm
Achselhöhe	34 cm	34 cm

Auch hier ist die Schulter gerader als am Schnitt. Die Achselhöhen sind jedoch gleich groß, dafür ist der Rücken 2 cm kürzer als am Schnitt.

Änderung:

Von der rechten und linken Halsspitze des Rückens je 2 cm senkrecht hinuntergehen, neue Halsspitze markieren und flachere Schulter und tiefergelegtes Rückenhalsloch aufzeichnen (Abb. 198). Wenn man an diesen Stellen die Maße vergleicht und eventuell Änderungen vorgenommen hat, dann hat der Schnitt die richtige Paßform.

Abb. 199: Ein in den Maßen und an einer Körperseite passender Schnitt; an der anderen Körperhälfte ist jedoch das Maß der Achselhöhe und der Seitenhöhe geringer. Diese Seite hängt. Meistens tritt mit der einseitig hängenden Schulter noch eine eingeknickte Taille und eine herausstehende Hüfte auf.

Änderung:

Das Oberteil entsprechend den Maßen von der seitlichen Taille zur Schulterspitze verlaufend abknicken. Danach Seitennaht ausgleichen. Hüftrundung am Rock etwas verstärken.

Abb. 200: Runder Rücken über den Schulterblättern.

Änderung: Rückenschnitt von der Halsspitze in Richtung auf die Mitte des Schulterblattes einschneiden und in den Ärmelausschnitt hinein eine Falte ablegen. Der Einschnitt sperrt dadurch auf und wird bei der Anprobe später durch einen kurzen Abnäher geformt.

Abb. 201: Große Brustfülle und dadurch vergrößerte vordere Taillenlänge.

Änderung: 8–10 cm unterhalb der Halsgrube waagerecht bis in die Mitte des Abnähers einschneiden und von dort im flachen Winkel bis an den vorderen Ärmelausschnitt. Oberen Teil des Vorderteiles 1½–2½ cm nach oben schieben, jedoch vorderen Ärmelausschnitt nicht vergrößern. Äußeren Abnäherschenkel entsprechend der Abbildung korrigieren (gestrichelte Linie); der Abnäher ist jetzt tiefer geworden.

Abb. 202: Sehr starker Oberarm.

Bei einer normalen Erweiterung des Ärmels wird auch die Kugel größer. Das ist nicht immer erwünscht. Vor allen Dingen dann nicht, wenn das Ärmelloch seine Größe behalten muß.

Änderung: Ärmelschnitt senkrecht durchschneiden und unterhalb der Kugel auseinanderziehen. Dabei keilförmige Falten zur Kugel hin verlaufend ablegen. Nach diesem Erweitern die alte Kugelhöhe wieder herstellen.

Abb. 203: Anliegende Hose.

Hosen sind vielfach in der rückwärtigen Gesäßpartie ziemlich lang, d. h. hoch in die Taille hinaufgeschnitten. In einer solchen Hose kann man bequem sitzen. Oft wird aber ein straffer Hosensitz beim Stehen gewünscht.

Änderung: Von der rückwärtigen Hosenmittelnaht ausgehend einen Keil querherüber abknicken und den Bügelbruch verlegen. Die dadurch verstärkte Hüftrundung ausgleichen und an der hinteren Mitte etwas abnehmen.

Abb. 204: Kurze Sitzhöhe!

Die Sitzhöhe (von der Stuhlfläche bis zur Taille gemessen) ist hin und wieder größer, meist aber kleiner als am Schnittmuster.

Änderung: An der Vorder- und Rückenhose die Überlänge in einer gleichbreiten waagerechten Falte abknicken.

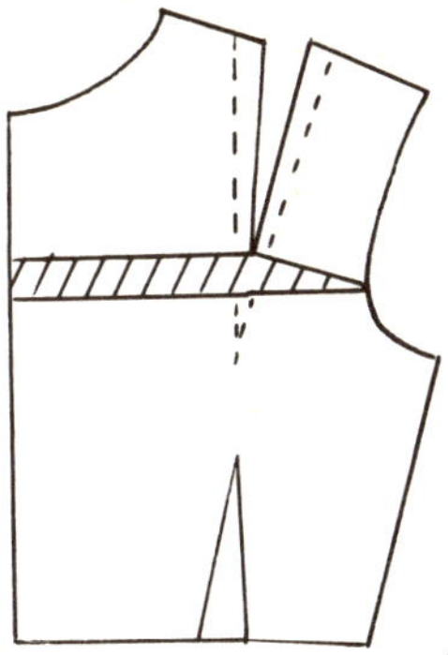
Abb. 201

Abb. 202

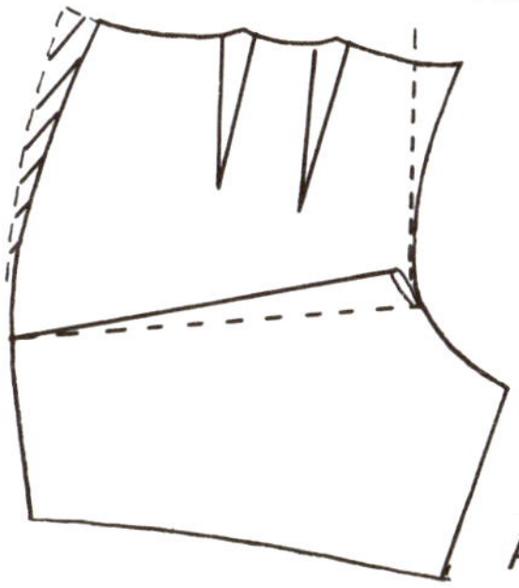
Abb. 203

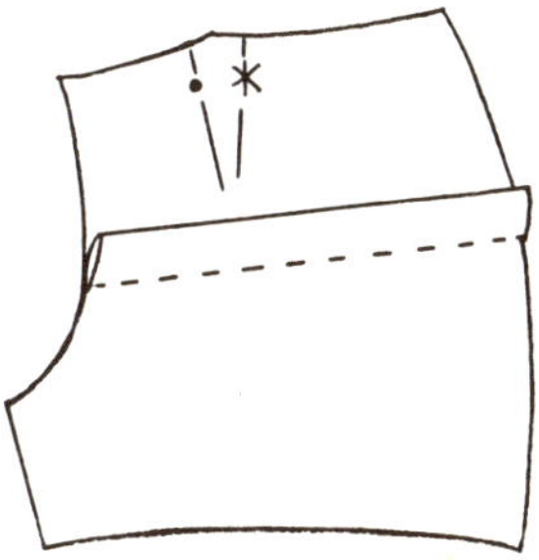
Abb. 204

Das Zuschneiden

Stoffe bis 100 cm breit gelten als einfachbreit; zwischen 100 und 160 cm Breite liegen die doppeltbreiten Stoffe. Der Längsfaden oder die „Kette" läuft parallel zu den Webekanten; der Querfadenlauf oder der „Schuß" läuft von einer Webekante zur anderen. Der auf den Schnitteilen markierte Fadenlauf gibt die Kette an. Er sollte nicht ohne weiteres geändert werden, weil sonst das Aussehen des Stoffes, Sitz oder Fall des Kleidungsstückes nachteilig beeinflußt werden können. Nur nach genauer Prüfung des Stoffcharakters kann ausnahmsweise für das gesamte Kleidungsstück die Fadenlaufmarkierung an den „Schuß" gelegt werden. Dies kann sich bei mangelhafter Stoffbreite für Oberteile mit langem, angeschnittenem Ärmel nötig machen, die im Bruch zugeschnitten werden müssen. Die folgenden Zuschneidepläne sind typische Schnittlagen für ein und dasselbe Kleid bei Verwendung verschiedener Stoffarten. Um eine gute Vergleichsmöglichkeit zu geben, ist jeweils die gleiche Materialbreite von 90 cm zugrunde gelegt. Die Stoffe liegen einfach. Formstreifen, Schrägstreifen, Kragendoppel und Gürtel sind wohl im Stoffverbrauch berücksichtigt, aber der Einfachheit halber nicht aufgezeichnet. Beachten muß man, daß praktischerweise die Innenkanten der Belege an die Webekante gelegt werden (d. h. an die festgewebten Stoffränder).

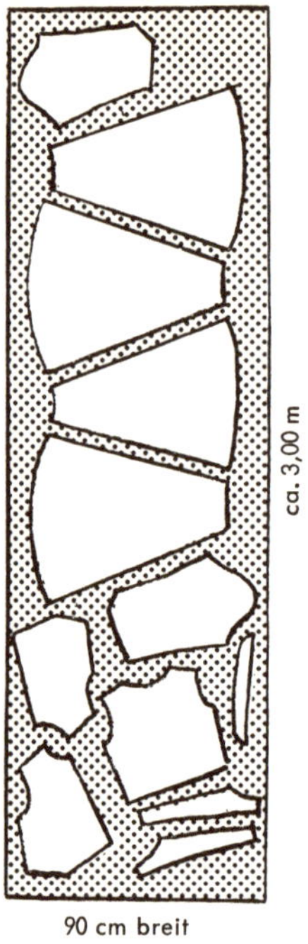

Abb. 205

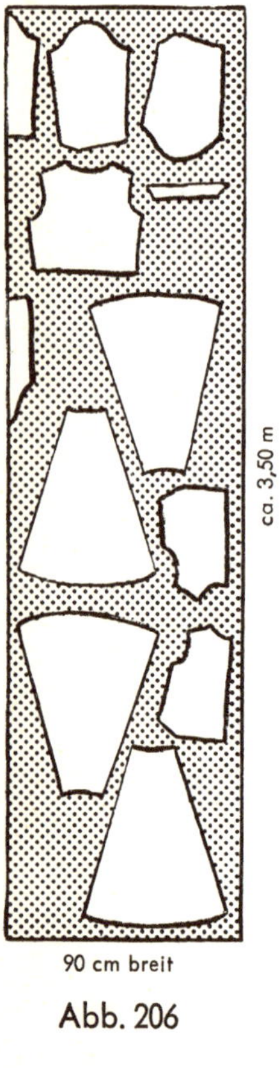

Abb. 206

Abb. 205. Bei vliesartigen Materialien, die nicht gewebt oder gewirkt sind, wie Filz oder Vlieseline, braucht kein Fadenlauf und keine rechte und linke Seite berücksichtigt zu werden; Fall und Aussehen sind in jeder Richtung gleich. Der Zuschnitt kann also so angelegt werden, daß möglichst wenige Reste bleiben.
Abb. 206. Stoff, die keinen Strich haben oder solche mit unregelmäßigen Mustern, können in zwei Richtungen verarbeitet wer-

den, d. h. die Schnitteile werden der Stoffersparnis wegen auch in entgegengesetzter Richtung „gestürzt" aufgelegt.

Abb. 207. Stoff mit Strich oder kleinem, fortlaufendem Muster. Hierunter fallen insbesondere glänzende Seidenstoffe, Tuche und alle Samte. Bei Glanzsamt laufen die Härchen im Kleid von oben nach unten, bei stumpfen Samtarten läßt sich ein vollerer, besonders satter Farbton erreichen, wenn sie gegen den Strich verarbeitet werden, die Härchen also von unten nach oben liegen. Alle Schnitteile müssen in einer Richtung aufgelegt werden.

Abb. 208. Der Stoffverbrauch kann enorm in die Höhe schnellen, wenn auf ein großes fortlaufendes Muster, Ornamente oder auf Bordüren Rücksicht genommen werden muß. Kragen und Belag werden gleichlaufend zugeschnitten.

Abb. 207

Abb. 208

Aufzeichnen der Schnittangaben

Umrisse und Markierungen (vor allen Dingen Abnäher und Mittellinien) der Schnitteile müssen auf die linke Stoffseite gezeichnet werden. Dies geschieht meistens mit Schneiderkreide. Bei weißen Stoffen mit zarten Mustern oder weißer Popeline kann auch ein Bleistift zum Übertragen benutzt werden.

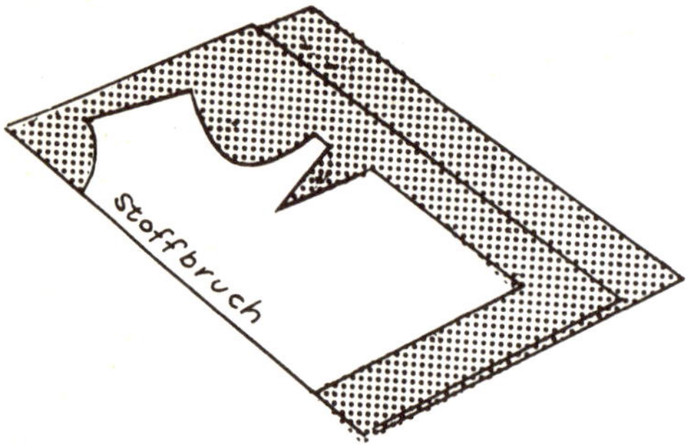

Abb. 209

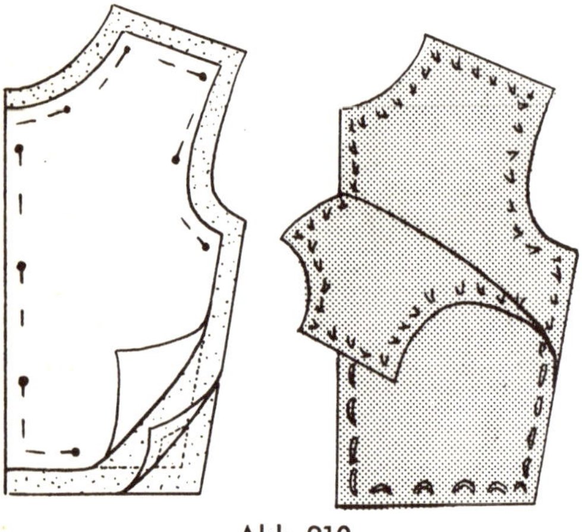

Abb. 210

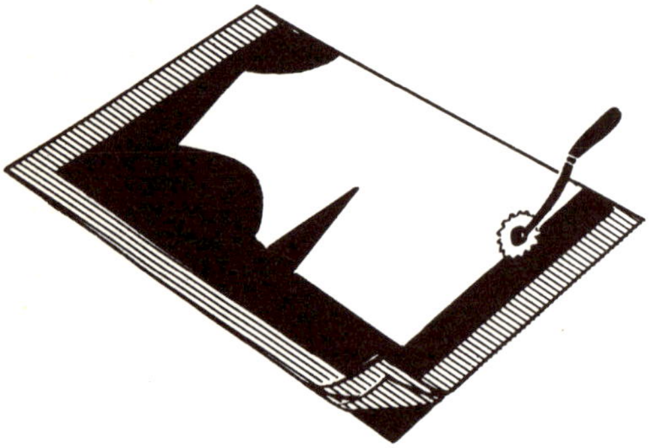

Abb. 211

Liegt der Stoff doppelt im Stoffbruch (Abb. 209), dann müssen die auf der oberen Lage aufgezeichneten Teile auf die untere Lage übertragen werden. Dies geschieht bei den meisten Stoffen mit Hilfe des sogenannten Durchschlagens. In die Konturen werden Schlingenstiche eingezogen und nach dem Auseinanderziehen der beiden Stofflagen aufgeschnitten. Auf diese Weise bleiben die Heftfäden in beiden Lagen haften.

Einige Gewebe aus Leinen und Baumwolle eignen sich zum Abrädeln der Schnittkonturen. Diese erscheinen dann in beiden Stofflagen, sind aber nicht lange haltbar. Das Durchschlagen ist die gewissenhafteste Art des Übertragens, und wenn die Durchschlagfäden nach dem Zusammenheften der Teile ausgezupft sind, bleibt keine Spur dieser Vorarbeit zurück (Abb. 210).

Ein Weg, der das Übertragen der Schnittlinien erleichtert und verkürzt, ist das Arbeiten mit Schneider-Kopierpapier. Die Arbeitsweise damit wäre folgende: Die doppelte Stofflage rechts auf rechts aufeinanderlegen. Ein Stück Kopierpapier mit der Farbseite von außen auf die obere Stofflage, ein zweites Stück von außen gegen die untere Stofflage legen. Die farbige Seite des Kopierpapiers ist also in jedem Falle der linken Stoffseite zugewandt. Schnitteil auf den Stoff legen, die diversen Stofflagen feststecken und sämtliche Schnittkonturen und -zeichen mit einem stumpfen Rädchen durchdrücken (Abb. 211). Farbiges Kopierpapier ist nicht ohne Einschränkung zu verwenden, da es auch an anderen Stellen leicht Farbe auf den Stoff abgibt, die sich von dort nur schwer wieder entfernen läßt.

Kopierpapier eignet sich nicht für locker gewebte, auftragende und zugleich dunkle Stoffe. Es ist mit besonderer Vorsicht bei reiner Seide in hellen Dessins und durchsichtigen Stoffen zu verwenden. Allein die Stoffart entscheidet darüber, ob und auf welche Weise sich die Farbe des Kopierpapiers wieder restlos entfernen läßt.

Es ist ratsam, vor dem Auftragen der Kopierpapierfarbe an einem Stoffrest auszuprobieren, wie sich die Farbe wieder entfernen läßt, sofern das überhaupt nötig ist. Unter Berücksichtigung dieser Einschränkung können wir aber das Kopierpapier an Stelle des Durchschlagens empfehlen.

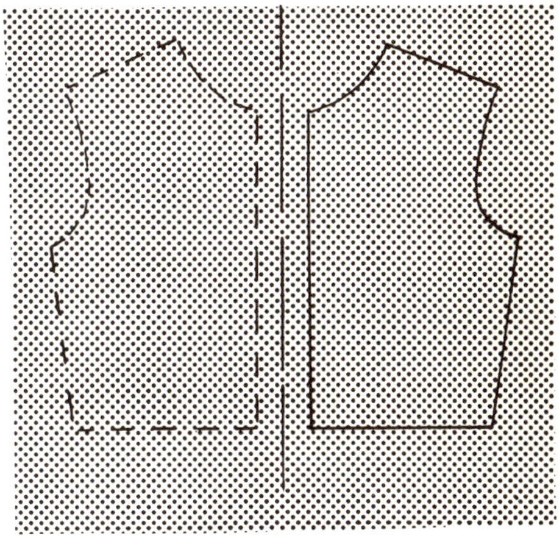

Abb. 212

Die rechten und die linken Teile des Kleidungsstückes müssen spiegelbildlich herausgeschnitten werden, sonst ergibt der Zuschnitt zwei rechte oder zwei linke Seitenteile. Am besten ist es, sich deutlich vorzustellen, wie die Stoffteile später am Körper liegen; auf diese Weise werden Überraschungen vermieden (Abb. 212).

Jedes Teil muß ringsum mit Nahtzugabe zugeschnitten werden. Diese beträgt im allgemeinen 2–3 cm, am Rocksaum mindestens das Doppelte.

Die Anprobe

Es ist sehr schwierig, eine Anprobe an sich selbst vorzunehmen, und es ist ratsam, wenn eine zweite Person die Anprobe macht. Für die erste Anprobe werden alle Abnäher – bei der Spitze beginnend – mit kleinen Heftstichen (etwa 1 cm lang) geheftet (Abb. 213). Dann werden Schulter-, Seiten-, Rock- und Ärmelnähte in gleicher Weise zusammengefügt. Belag- und Verschlußränder werden nach innen umgelegt und neben der Umbruchlinie durchgeheftet.

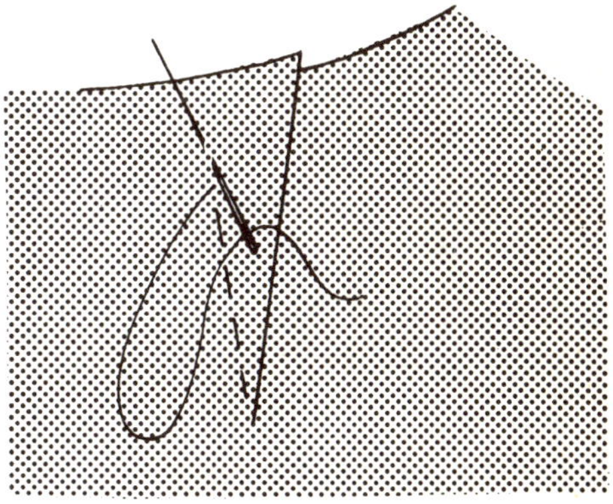

Abb. 213

Abb. 214

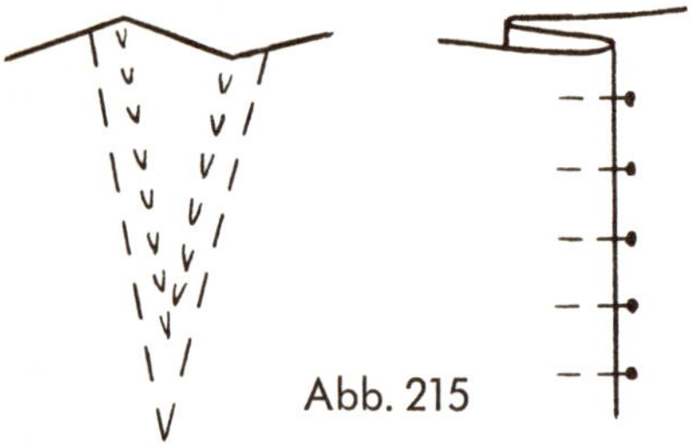

Abb. 215

Abb. 216

Die Ärmel werden in den im Schnitt gegebenen Partien eingehalten und zusammengeheftet.

Nach dem Überziehen des oberen Kleidteiles steckt man zuerst die vordere Mitte und den seitlichen Verschluß zu. Abnäher müssen senkrecht verlaufen, Brustabnäher zum stärksten Punkt der Büste auslaufen. Die Höhe der Tascheneinschnitte und Knopflöcher ist zu prüfen. Die Rockseitennähte sollen von der Mitte des Armloches in senkrechter Linie verlaufen.

Man beachte!

Falten an der Schulter und am Ärmelausschnitt entstehen dann, wenn die Schultern zu abfallend sind. Man muß die Schultern heben, d. h. man muß die Schulternaht auftrennen und so weit hochheben, daß Vorder- und Rückenteil glattliegen. Die Schulternaht wird nun bis zur sogenannten Schulterspitze neu zusammengesteckt (Abb. 214).

Hat das Modell einen Brustabnäher (besonders bei größeren Oberweiten), muß dieser sehr oft tiefer eingelegt werden; man muß daher immer viel Nahtzugabe am Ärmelausschnittrand zugeben, damit nie die Schulterpartie zu schmal wird (Abb. 215). Die übereinandergesteckten Abnäherränder werden dann hohl geheftet.

Bilden sich seitliche Querfalten, so muß die Schulter- und Seitennaht und der Brustabnäher aufgetrennt werden. Zuerst legt man die Abnäher passend und steckt sie fest, dann schließt man die Schulternaht, indem man sorgfältig die Schulter nachmodelliert; zum Schluß wird die Seitennaht neu gesteckt und der Ärmelausschnitt neu gerichtet (Abb. 216). Vor allen Dingen ist es immer wieder notwendig, daß an Schulter- und Ärmelausschnittrand beim Zuschneiden genügend Stoff zugegeben wird.

Sind die Schultern besonders gerade, bilden sich leicht am Halsausschnitt Falten; man muß dann die Schulternaht ebenfalls auftrennen, diesmal aber die Nahtränder an der Schulterspitze heben. Den dadurch verkleinerten Halsausschnitt kann man später wieder mehr ausschneiden (Abb. 217).

Abb. 217

Den von der Taille ausgehenden Taillenabnäher muß man oft auch tiefer und länger einlegen; man muß dabei aber darauf achten, daß man dadurch nicht die vordere Mitte verzieht und das Vorderteil zu sehr einengt.

Bei sehr starken Oberweiten ist es ratsam, einen von der Seitennaht ausgehenden Abnäher einzulegen – man formt ihn genau der Figur nach; das kann man nur, wenn man genügend Nahtzugabe vorgesehen hat.

Bei rundem Rücken müssen vom Halsausschnitt ausgehend mehrere Fältchen eingelegt werden. (Auch ein zu großer Halsausschnitt läßt sich auf diese Weise verengen.) Man steckt zunächst die ganze Weite auf einmal ab und teilt diese dann in 3 bis 5 Fältchen auf. Einen zu groß geratenen Ausschnitt kann man auch durch gleichmäßiges Heben von Vorder- und Rückenteil verkleinern. Auch hier ist wieder reichlich Nahtzugabe, besonders am unteren Rand des Oberteils, Bedingung (Abb. 218).

Abb. 218

Durch Rückenabnäher erhält man ein anliegendes Rückenteil. 8–10 cm von der Rückenmitte entfernt legt man die Rückenabnäher ein und führt sie bis zur halben Rückenhöhe. Bei durchgehenden Kleidformen werden die Abnäher in gleicher Linie nach unten weitergeführt und fein verlaufend abgeheftet.

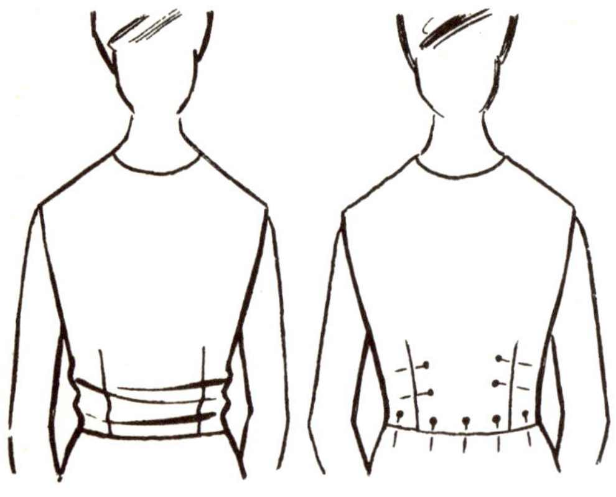

Abb. 219

„Staucht" das Rückenteil, dann ist es zu lang, und man muß die Taillennaht, oft auch die Seitennaht und die Rückennaht ein Stück auftrennen. Dann das Rückenteil glattstreichen und die Nähte dem Körper entsprechend wieder zustecken. Die Taillenlinie so viel höher legen, daß das Rückenteil ganz glatt anliegt (Abb. 219).

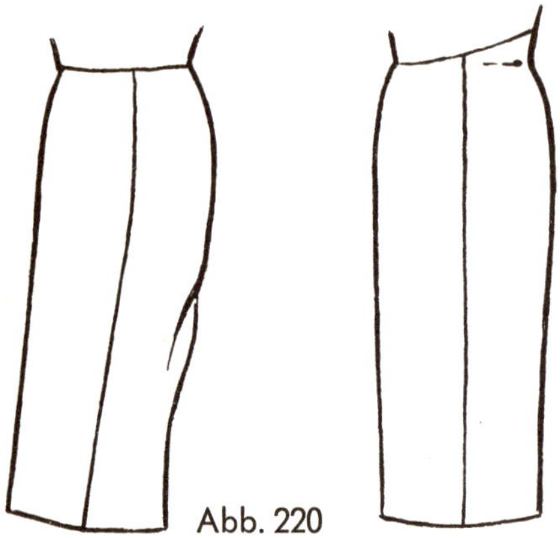

Abb. 220

Ein enger Rock ist schwerer zu probieren als ein weiter, da er besonders gut sitzen muß. Zuerst werden Korrekturen an der Taillennaht ausgeführt. Enge Röcke fallen sehr leicht rückwärts ein, man muß dann den Rock so viel heben, daß die hintere Rockbahn ganz gerade und faltenlos fällt. (Abb. 220). Wichtig ist, daß der Rockbund später fest der Figur anliegt.

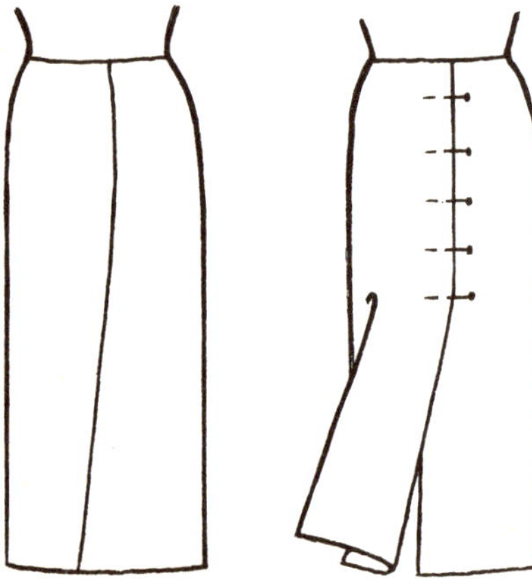

Abb. 221

Der Rock darf über den Hüften nicht zu eng sein, Abnäher und leichtes Einhalten am Bund sorgen für nötige Weite. Nun werden die Seitennähte kontrolliert, sie müssen kerzengerade verlaufen. Wenn dies nicht der Fall ist, macht man die Seitennaht auf und steckt den umgebogenen Rand der vorderen Rockbahn auf die rückwärtige (Abb. 221).

Bei einem ungebügelten Faltenrock (Abb. 222) kommt es oft vor, daß diese ungleichmäßig fallen. Meistens genügt es dann, wenn man die inneren Faltenteile am oberen Rand leicht anhebt (Abb. 223). Bei Glockenröcken, die in Bahnen geschnitten werden, muß man ebenfalls die einzelnen Nähte prüfen. Bei Tellerröcken kann man ungleichmäßige Glokken auch durch leichtes Anheben des oberen Rockrandes ausgleichen.

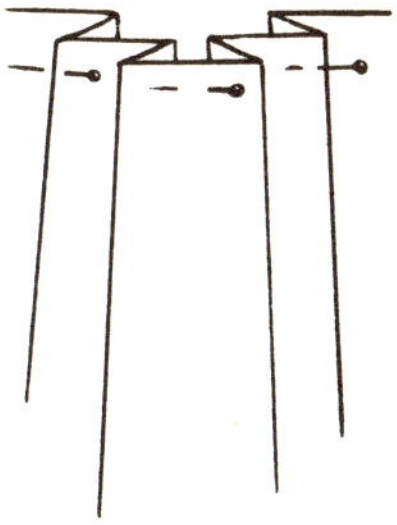

Abb. 223

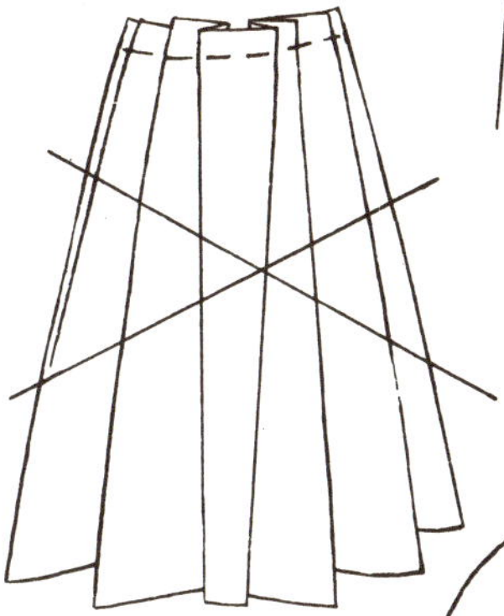

Abb. 222

Das schwierige Ärmeleinsetzen erleichtert man sich durch ein im Fadenlauf mit Heftfaden gespanntes Fadenkreuz. Von der höchsten Stelle der Armkugel ausgehend, zieht man einen Längsfaden ein und genau im rechten Winkel quer dazu einen zweiten Faden. Die Längslinie muß beim Einheften auf die Schulternaht treffen, das Kreuz muß immer senkrecht stehen (Abb. 224).

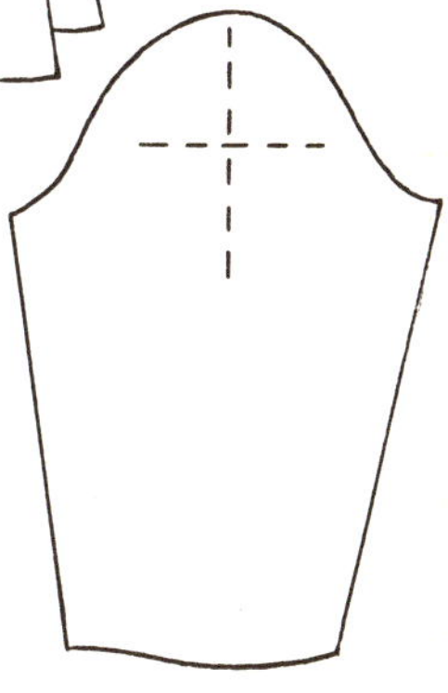

Abb. 224

Bei der ersten Anprobe wird der Ärmel mit eingehaltener Kugel und umgeschlagenem Rand auf den Ärmelausschnitt gesteckt, damit man dann bei der zweiten Anprobe den fertig genähten Ärmel eingeheftet probieren kann (Abb. 225).

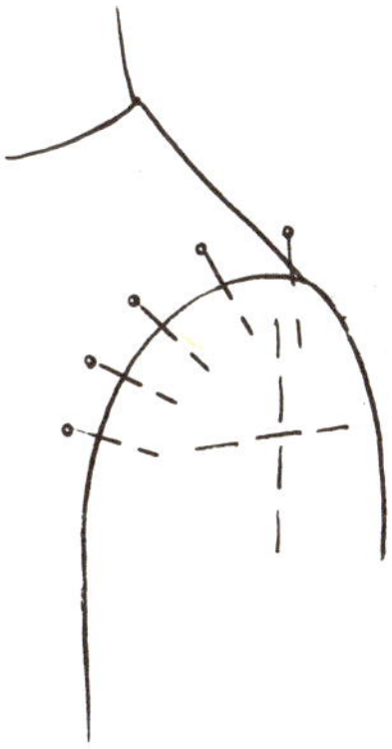

Abb. 225

Bei engen langen Ärmeln müssen die Nahtränder in der Armbeuge eingeschnitten werden, damit die Naht nicht hochzieht (Abb. 226).

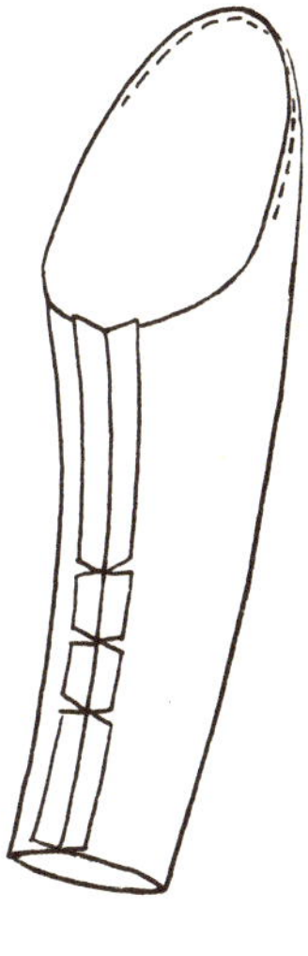

Abb. 226

12 Verarbeitungsregeln

1. Änderungen abheften
2. Kleidteile auseinandernehmen
3. Änderungen auf die rechte Kleidhälfte übertragen
4. Zuerst Abnäher, dann Schulter- und Seitennähte steppen, vorher Durchschlagfäden entfernen
5. Knopflöcher in Verschlußränder einarbeiten
6. Rocknähte steppen und bügeln
7. Ärmel, Kragen, Taschen, Aufschläge für sich fertigstellen
8. Bei der 2. Anprobe Oberteil an den Rock sowie Kragen und Taschen anstecken, Ärmel einstecken und Länge abstecken
9. Aufschläge an die Ärmel setzen
10. Nach der 2. Anprobe die letzten Ansatznähte steppen
11. Rocklänge abzeichnen, säumen
12. Kleid bügeln, Knöpfe annähen

Zwischen der ersten und der zweiten Anprobe müssen fast alle an einem Kleidungsstück vorkommenden Arbeiten erledigt sein, so daß man bei der zweiten Anprobe schon eine genaue Übersicht über das spätere Aussehen bekommt. Es ist gut, wenn man sich ein Grundschema merkt, nach dem die Ausfertigung vor sich geht; siehe nebenstehende Regeln.

Nach der ersten Anprobe: Zuerst werden die Veränderungen am Kleid, die man bei der ersten Anprobe mit Stecknadeln markiert hat, mit Reihfaden abgezeichnet. Man muß dabei das ganze Kleidungsstück auseinandernehmen und die Änderungen, die man bei regelmäßigen Figuren stets nur auf der rechten Kleidhälfte macht, auf die linke mit Durchschlagstichen übertragen. Nur bei auffallend unregelmäßig gebauten Figuren steckt man beide Kleidhälften ab. Bevor man das Oberteil wieder zusammenheftet, steppt man alle Abnäher.

Es ist ratsam, vor dem Steppen die Durchschlagfäden herauszuzupfen, da sie sonst sehr schlecht zu entfernen sind. Nach dem Steppen zieht man gleich die Reihfäden aus und bügelt die gesteppten Nähte. Diesen Arbeitsgang wiederholt man bei jeder neuen Naht; denn gerade gutes Bügeln ist genauso wichtig wie gutes Nähen. Nach dem Zusammenheften werden die Seiten- und Schulternähte gesteppt.

Nun wird der vordere Schluß gearbeitet. Dabei muß man darauf achten, daß man vor dem Bügeln die Knopflöcher mit kleinen Hexenstichen zunäht.

Nach dem Schließen und Bügeln der Rocknähte wird der Rock angeheftet und die Ansatznaht gesteppt. Auch hier werden die Nähte breitgebügelt.

Beim Einsetzen der Ärmel muß man darauf achten, daß man genügend Bewegungsfreiheit hat. Bilden sich schräge Falten im oberen Ärmelteil, so muß die Kugel etwas nach hinten gedreht und vorn an der Kugel gehoben werden. Spannt der Ärmel oben an der Kugel und schlägt Querfalten, so muß man die Ärmelnaht etwas auslassen und dadurch mehr Weite in die Kugel schieben. Für die zweite Probe muß der Ärmel mit kleinen Reihstichen eingeheftet sein, damit noch eventuell kleine Änderungen vorgenommen werden können (Abb. 227).

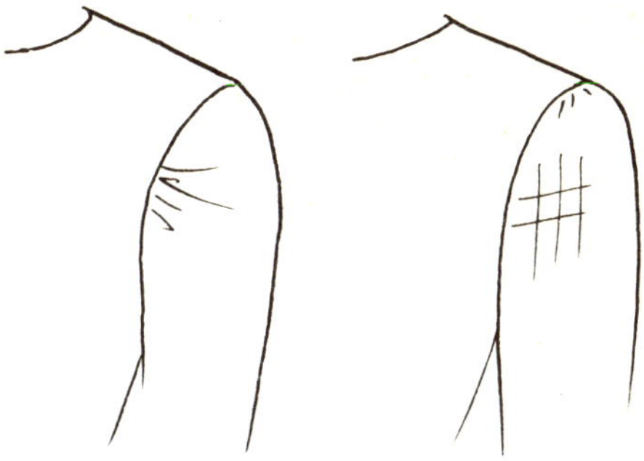

Abb. 227

Wird dem Kleidungsstück ein Kragen angesetzt, so wird der fertig verstürzte Kragen dem Halsausschnittrand angeheftet. Mit Schrägstreifen versäubert man den Kragen erst, wenn man seinen Sitz geprüft hat, ebenso macht man es beim verstürzt angesetzten Kragen. Garniturkragen werden in den mit Schrägstreifen versäuberten Halsausschnitt eingeheftet (Abb. 228).

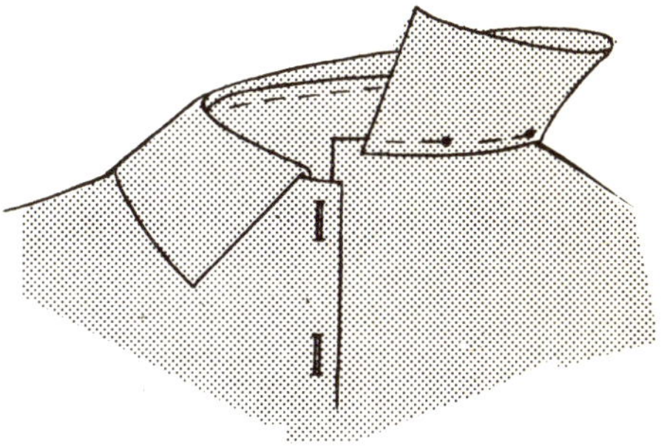

Abb. 228

Hat man bis zur zweiten Anprobe alle zu erledigenden Arbeiten beendet, zieht man das Kleidungsstück nochmals über. Es dürfen jetzt kaum noch Änderungen sein. Kleine Fehler können nur noch an Ärmeln und Kragen liegen. Nun wird auch die Rocklänge abgekreidet.

Man kann sich helfen, wenn man keinen Rockabrunder hat, indem man das Ärmelbrett oder ein langes Lineal auf den Boden stellt, die gewünschte Höhe darauf ankreidet und dann von einer Helferin auf den Rock übertragen läßt (Abb. 229). Dann wird das Kleid vollkommen ausgearbeitet – die Nahtränder umstochen und die Knöpfe angenäht. Zuletzt wird das fertige Kleidungsstück noch einmal vollständig gebügelt.

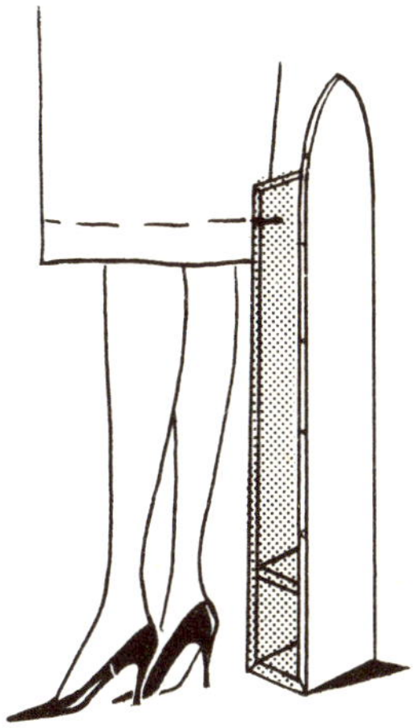

Abb. 229

Etwas über Stoffe

Neben den bekannten Stoffen aus natürlichen Fasern sowie aus Kunstseide kennt man heute Stoffe aus synthetischen Fasern oder verschiedenen Fasermischungen.

Allen synthetischen Stoffen oder Mischgeweben mit Synthetics ist eine große Scheuerfestigkeit eigen, außerdem hängen sie sich nach dem Waschen glatt aus, ohne daß man sie bügeln muß.

Die synthetischen Stoffe sind lediglich empfindlich gegen zu hohe Temperaturen. Beim Bügeln nur schwache Hitze anwenden oder ein regulierbares Bügeleisen auf „Perlon" einstellen.

Für die Verarbeitung der hier interessierenden neuen Stoffe aus Synthetics gilt die Regel, daß ein elastisches Nähmaterial, wie die Seide oder der Polyesternähfaden, verwendet werden sollte, da die Elastizität der Stoffe auch ein elastisches Nähmaterial verlangt.

Bei „Wash and Wear"-Stoffen ist besonders wichtig, daß der Nähfaden nicht beim Naßwerden schrumpft. Deshalb auch hier Seide zum Nähen verwenden oder den in der Dehnung der Seide ähnlichen und damit in der Verarbeitung günstigen Polyesternähfaden.

Die nebenstehenden Nähregeln geben an mit welchem Garn man das verschiedene Stoffmaterial nähen soll.

Zum jeweiligen Stoff den materialgleichen Faden zu verwenden, kann man nicht zur Regel machen. Denn man kann z. B. nicht Wollstoffe mit einem Faden aus Wolle, Kunstseidenstoffe nicht mit einem kunstseidenen Nähfaden oder gar Lederbekleidung nicht mit einem Lederriemchen zusammensteppen.

Tips für den richtigen Faden

Man verwende:

für alle Oberstoffe aus Wolle, Seide, Kunstseide, Baumwolle und Synthetics zum Nähen **Seide**

für Synthetics, wenn ein gleichartiger Nähfaden gewünscht wird, schappegesponnenen **Polyester-Nähfaden**

für Baumwoll-Unterwäsche und Kochwäsche **Baumwollgarn**

für Unterwäsche aus synthetischen Fasern schappegesponnenen **Polyester-Nähfaden,** der ebenfalls schnell trocknet.

Wer nach der Grundregel verfährt, Nähseide für alle Oberstoffe und schappegesponnenen Polyesterfaden für Synthetics zu verwenden, wird immer eine glatte, schöne und haltbare Verarbeitung seiner Stoffe haben.

Ausrüstung und Behandlung der Stoffe

Die Textilindustrie kann den Gebrauchswert der Stoffe durch eine besondere Behandlung erhöhen. Durch Spezialverfahren, beispielsweise auf chemischem Wege, lassen sich Gewebe und Gewirke so ausrüsten, daß sie wasserabstoßend oder knitterarm, nicht einlaufend oder flammensicher sind. Diese guten Eigenschaften behalten die Stoffe auch nach dem Waschen und Bügeln, im Gegensatz zur Appretur, die nicht waschbeständig ist und durch Stärken erneuert werden muß.

Bei vielen Stoffen ist das Eingehen beim Waschen schon durch das Sanforverfahren maschinell vorweggenommen. Wollstoffe werden dekatiert (maschinell gedämpft), wodurch das Einlaufen verhindert wird. Andere Stoffe werden durch eine Kunstharzeinlage knitterarm, sie vertragen aber kein heißes Bügeln (nur Einstellung „Kunstseide").

Gewirke und Gewebe aus synthetischen Fasern lassen sich maschinell fixieren. Unter Verwendung von Wärme und Druck kann man diesen Textilien die für den Gebrauch gewünschte Form geben. (Falten, Plissees.)

Bei Perlon- und Nylonstoffen ist es ratsam, zum Bügeln nur ein Reguliereisen (mit der Einstellung Perlon) zu benutzen. Nähte und Säume bügelt man am besten mit leichtfeuchtem Tuch aus. Eine ähnliche Behandlung erfordern die Stoffe aus Trevira, Diolen, Dralon usw.

Auch bei Mischgeweben aus Wolle und Synthetics darf die Temperatur des Bügeleisens nicht zu hoch sein, da leicht Schmelzschäden oder Sengstellen entstehen können. Der Schmelzpunkt der synthetischen Fasern liegt sehr niedrig. Aus diesem Grunde dürfen Säume und Nähte nie bei hoher Temperatur gebügelt werden. Solche Falten und Brüche lassen sich nicht wieder beseitigen, da in der Umbruchlinie die synthetische Faser durch Einwirkung zu großer Hitze beständig verformt ist. Man stelle bei Mischgeweben das Eisen auf den überwiegenden Faseranteil des Gewebes ein und lege immer ein schwach feuchtes Tuch über die Stofffläche.

Die Textilindustrie hat kleine Etiketten mit nebenstehend aufgezeichneten Symbolen geschaffen, aus denen zu ersehen ist, ob ein Material heiß oder warm gewaschen werden darf, welche Temperatur es beim Bügeln verträgt, und welche Art der chemischen Reinigung geeignet ist. Bei genauer Beachtung dieser Symbole lassen sich Behandlungsschäden vermeiden.

Bei chemischer Reinigung der Reinigungsanstalt den Behandlungs-Hinweis ansagen.

Behandlungsetiketten für Textilien

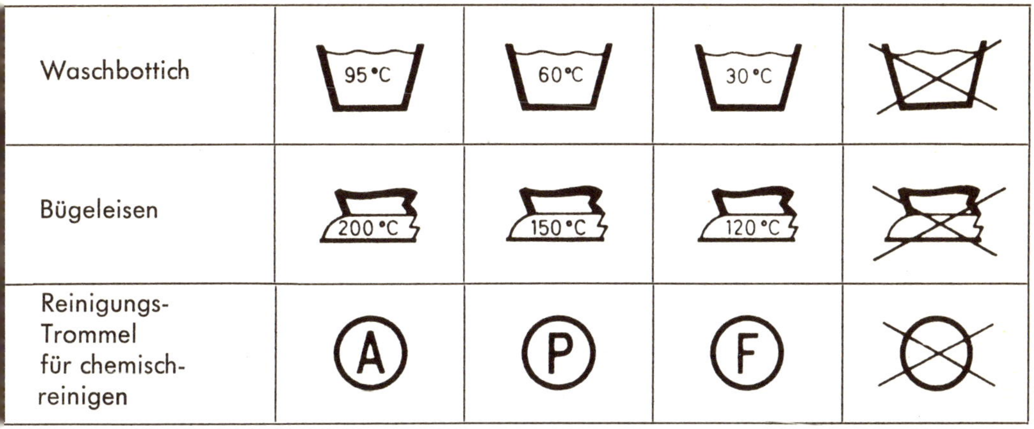

Trocken bei verminderter Wärme

Erläuterung der Symbole

Waschen	Koch- bzw. Weißwäsche	Heißwäsche (Buntwäsche)	Feinwäsche	nicht waschen
Bügeln	bis 200° C Einstellung „Baumwolle“	bis 150° C Einstellung „Seide“	bis 120° C Einstellung „Perlon“	nicht bügeln
Chemisch-reinigen	allgemeine Lösungsmittel	Perchlor-äthylen oder Benzin	nur Benzin	nicht chemisch-reinigen

Die Bezeichnung „Baumwolle“, „Seide“, „Perlon“ stellen Mittelwerte aus der Praxis dar.

Den Verbraucher betrifft nur der grundsätzliche Hinweis, daß chemisch gereinigt werden muß. Die Buchstaben stellen eine Erläuterung für die Reinigungsanstalt dar.

Tabelle Nadel und Faden

Stoffart	Nähseide Nm	Polyester schappe-gesponnen Nm	Baumwoll-garn NeB	Stick-Stopfgarn NeB	Maschinen-nadel Nr.
Toile, leicht, geschmeidig	130/3	120/3	75		70
Seide, leicht, elegant	100/3	140/3			70
Taft, imprimé, schimmernder einfacher Stoff	100/3				70
Taft, synthetisch oder synth. gemischt	100/3	120/3			70
Foulard, Feinköpergewebe	100/3				70–80
Foulard, bei synth. Anteil	100/3	120/3			70–80
Tropical, leicht, porös	100/3				70
Tropical, aus Synthetics		120/3			70
Popeline, leicht, a. Baumwolle	100/3		50		70
Popeline, synth. gemischt	100/3	120/3			70
Synthetische Leichtgewebe – Perlon, Nylon	130/3	120/3			60–70
Synthetische Gewebe – Perlon porös, Nyltest usw.		120/3			70
„Wash and Wear"-Gewebe, leicht – Diolen, Dralon	100/3	120/3			70
„Wash and Wear"-Gewebe für Handknopflöcher	30/3 + 40/3	30/3			120
Bügelfreie Baumwolle – Cottanova, Super-Cotton, Bel-o-fast usw.		120/3			70
Baumwolle, normal und merzerisiert			50/3	50	70–80
Leibwäsche – Baumwolle, Kunstseide			60–80	60	60–70
Leibwäsche – Synthetics	100/3	120/3			70

Stoffart	Nähseide Nm	Polyester schappe-gesponnen Nm	Baumwoll-garn NeB	Stick-Stopfgarn NeB	Maschinen-nadel Nr.
Bett- und Tischwäsche, Baumwolle			50/3 + 60/3	50	70–80
Bett- und Tischwäsche, Leinen, Inletts			40	40	80
Fresco, „körniges", poröses Gewebe	100/3				70
Fresco, „körniges", poröses Gewebe, f. Handknopfloch.	30/3 + 40/3				120
Mischgewebe – Diolen bzw. Trevira/Wolle, f. Handknopflöcher	100/3 40/3	120/3 30/3			70 120
Kammgarn, leicht mittleres Mantelgewebe, f. Handknopflöcher	100/3 70/3 30/3 + 40/3				80 80 120
Schwere Mantelstoffe, dicke Winterware	70/3				90
Ziersticharbeiten, grob	30/3 + 40/3	30/3			120
Ziersticharbeiten, feiner m. d. Maschine	70/3	70/3			80–90
Marquisette, synthetisch		120/3			70
Marquisette, Baumwolle			60	60	70
Wirkgardinen, synthetisch		120/3			70
Wirkgardinen, Baumwolle			60	60	70
Vorhänge, Kunstseide, Baumwolle, Wolle, Leinen usw.	100/3		50–60	60	80
Vorhänge, synthetisch	100/3	120/3			80
Plastik, leicht		120/3			80
Plastik, mittelschwer		70/3			90

Kleine Störungen an der Nähmaschine und deren Beseitigung

1. Die Maschine läuft schwerfällig:

Grund	Abhilfe
Der Antriebsriemen ist zu lang und rutscht, oder er ist zu kurz und übt dadurch einen zu starken Druck aus.	Der Riemen muß verkürzt bzw. durch Einsetzen eines Stückes verlängert werden.
Die Maschine ist durch ungeeignetes Öl verharzt und verklebt.	Zum Ölen soll nur Nähmaschinenöl (kein Salatöl) verwendet werden.
Der Spuler läuft mit.	Der Spuler muß abgestellt werden.

2. Der Stoff wird ungenügend transportiert:

Grund	Abhilfe
Der Transporteur steht zu tief, dadurch treten die Zahnreihen nicht weit genug aus der Stichplatte heraus.	Der Transporteur muß höher gestellt werden. Normal soll er während des Vorschiebens eine volle Zahnhöhe über die Stichplatte hinausragen.
Zwischen den Transporteur-Zahnreihen hat sich Nähstaub festgesetzt.	Die Stichplatte muß abgeschraubt und der Nähstaub entfernt werden.

3. Der Faden reißt:

Grund	Abhilfe
Der Faden ist falsch eingefädelt.	Die Einfädelungsanweisung für die Nähmaschine muß sehr genau beachtet werden.
Es ist nicht das richtige Nadelsystem eingesetzt.	Eine richtige Nadel ist einzusetzen. (Das System ist meistens auf der Schieberplatte verzeichnet.)
Das Garn ist knotig.	Es ist ratsam, nur beste Nähseide und Maschinen-Obergarn zu verwenden.
Es befinden sich Fadenreste in der Ringnut oder Greiferbahn.	Die Fadenreste müssen beseitigt werden und die Ringnut muß geölt werden.

4. Die Naht zeigt unregelmäßige Stiche:

Grund	Abhilfe
Die Verknüpfung von Ober- und Unterfaden erfolgt nicht in der Mitte des Stoffes.	Die Ober- und Unterfadenspannung muß sorgfältig reguliert werden.
Die Nadel steht falsch.	Die Nadel nach Anweisung einsetzen und ausrichten.
Der Unterfaden wurde nicht gleichmäßig aufgespult.	Der Unterfaden muß genau der Anleitung entsprechend aufgespult werden. Nicht freihändig aufspulen!

5. Die Nadel bricht:

Grund	Abhilfe
Die Nadel ist krumm und wird vom Greifer erfaßt.	Es muß eine neue Nadel eingesetzt werden.
Das Garn ist im Verhältnis zur Nadel zu stark.	Aus der Tabelle „Nadel und Faden" ist zu ersehen, welche Nadeln bei kräftigen und feinen Garnen verwendet werden.
Der Greifer hat sich durch Festklemmen von Fadenresten verstellt.	Der Greifer muß durch einen Mechaniker neu eingestellt werden.
Durch Ziehen am Stoff wird die Nadel zur Seite gedrückt und sticht nicht in das Stichloch, sondern auf die Stichplatte.	Die Maschine muß allein transportieren. Das Arbeitsstück wird nur leicht geführt.
Die Spulenkapsel sitzt nicht fest.	Die Spulenkapsel muß beim Einsetzen leicht nachgedrückt werden, bis sie hör- und fühlbar einrastet.

6. Die Maschine läßt Stiche aus:

Grund	Abhilfe
Die Maschine ist nicht richtig eingefädelt.	Die Einfädelung muß nach der Anweisung überprüft und berichtigt werden.
Die Nadel hat sich verbogen.	Es muß eine neue Nadel eingesetzt werden.
Die Nadel entspricht nicht der Garnstärke.	Die richtige Nadelstärke kann nach der Tabelle „Nadel und Faden" gewählt werden.
Die Einstellung des Greifers stimmt nicht mehr.	Der Greifer muß durch einen Fachmann neu eingestellt werden.

Begriffe um Mode und Selbstschneidern

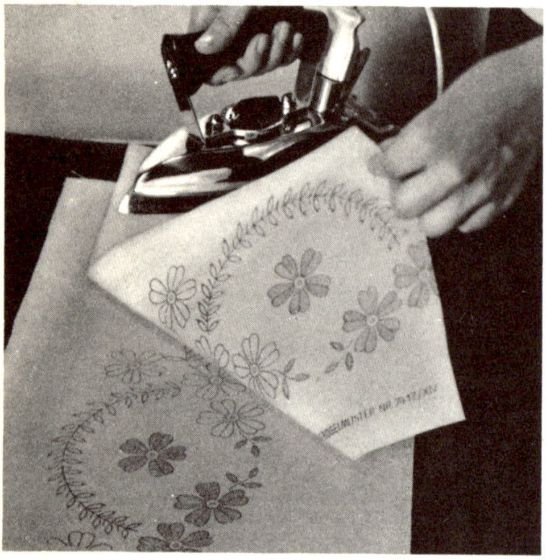

Abb. 230

Abseitenstoffe

Abseitenstoffe werden nach einem Spezialverfahren gearbeitet, so daß beide Seiten des Stoffes verschieden aussehen. Kleidungsstücke aus diesem Material können auch ohne Futter verarbeitet werden und als „Wendemantel" beidseitig getragen werden.

Armblätter

sind aus zwei Stofflagen mit einer gummi- oder wasserundurchlässigen Einlage gearbeitet. Sie bestehen aus zwei Flügeln und werden zum Schutz gegen Achselschweiß in das Kleidungsstück geheftet.

Abb. 231

Aufbügelmuster

lassen sich mit heißem Eisen auf den Stoff bügeln und werden mit der Hand oder mit der Maschine nachgestickt. (Es ist ratsam, an einem Stückchen Stoff die Hitzeempfindlichkeit des Materials zu prüfen.) (Abb. 230)

Blouson

ist eine lose bauschige Bluse, deren Weite durch einen Bund oder einen Riegel unterhalb der Taille auf die Weite der Hüfte zusammengehalten wird (Abb. 231).

Bolero

nennt man ein kurzes offenes Jäckchen ohne Knopfverschluß (Abb. 232), das als Kleidergänzung je nach der Modelinie kürzer oder länger aus dem gleichen Kleidstoff oder in abstechender Farbe und Stoffart gearbeitet wird.

Abb. 233

Bordürenstoff

ist ein Stoff an dessen einer Längskante das Stoffmuster ornamentaler wird oder eine Stickerei daran entlang läuft, die gleichzeitig als Randabschluß dient. Diese Stoffe müssen, wenn die Bordüre die Querberandung bilden soll, im Querfadenlauf zugeschnitten werden (Abb. 233).

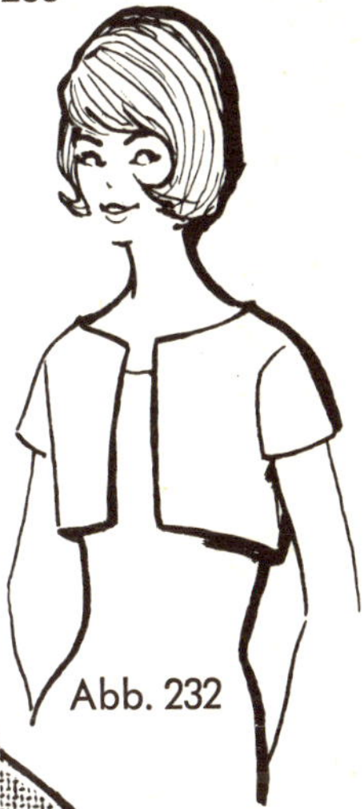

Abb. 232

Cape

ist ein ärmelloser Umhang, der zum Wintersport als sogenannter „Wetterfleck" aus grobgewebten Wollstoffen oder Loden von Herren und Damen getragen wird (Abb. 234).

Chemiefasern

Wir unterscheiden klassische Chemiefasern und Synthetics. Die klassischen Chemiefasern sind auf Zellulose-Basis aufgebaut, d. h. es ist eine Chemiefaser aus dem natürlich gewachsenen Rohstoff Zellulose. Reyon, Chemie-Kupferseide und Acetat sind diese klassischen Chemiefasern.
Die Synthetics dagegen entstehen aus Kohle, Kalk, Wasser und Luft.

Abb. 234

Changierender Stoff

ist aus verschiedenfarbigen Garnen in Kette und Schuß gewebt und schillert in mehreren Farben; bei denen dann eine, je nach Lichteinfall wechselnd, vorherrscht.

Abb. 235

Abb. 236

Chemisierkleid

ist ein Kleid im sportlichen Hemdblusenstil, mit Kragen, Manschettenärmeln und durchgeknöpft gearbeitet. Der Rock ist meist mäßig weit (Abb. 235).

Corsage

hiermit bezeichnet man eine nach der Figur gearbeitete und durch Stäbchen versteifte Untertaille, die ärmellosen Kleidern den tadellosen Sitz gibt.

Dekatieren

nennt man das Abdämpfen neuer Stoffe, damit das Kleidungsstück später beim Tragen oder in der Reinigung nicht einläuft.

Deux-Pièces

ist ein Kleid aus zwei zusammengehörenden Teilen wie: Kleid und Jacke oder Rock mit Jäckchen (Abb. 236), die meist aus dem gleichen Stoff gearbeitet sind.

Einlagematerial

Um dem Kleidungsstück einen guten Sitz und Formbeständigkeit zu geben, werden Einlagestoffe zwischen Oberstoff und Futter gearbeitet. Es ist wichtig, für den jeweiligen Stoff die richtige Einlage zu wählen. (Für dünne Stoffe leichte Einlage, für schwere Stoffe feste Einlage.) Versteifungsmaterial kann gewebt sein, wie Steifleinen und Roßhaarstoff, oder ist, wie Vlieseline und Keybak, ein Faservlies (non woven Fabric) (Abb. 237).

Abb. 237

Ensemble

sind mindestens zwei, eventuell drei in Material und Schnitt aufeinander abgestimmte Kleidungsstücke (Kleid und Mantel, Kostüm und Mantel, Kostüm mit Bluse) (Abb. 238).

Abb. 239

Farbecht

auch indanthren genannt, sind Stoffe, die licht-, wasch- und witterungsbeständig sind. Baumwolle, Zellwolle und Kunstseide lassen sich auf diese Weise ausrüsten und sind daher für Strand- und Sommermoden günstig. Die Farbechtheit aller anderen Stoffe muß man vor der Reinigung prüfen. Man nehme ein Reststück oder ein inneres Belagteil und stecke es in die Waschlösung, beim Abdrücken in weißen Stoff erkennt man ob die Farbe ausläuft oder beständig ist.

Abb. 238

Fichukragen,

großer halsferner Schulterkragen, besonders für festliche Kleider geeignet (Abb. 239).

Filz

ist ein Material ohne Strich und Fadenlauf, kann also in jeder Richtung zugeschnitten werden. Da dieser Wollstoff nicht gewebt, sondern aus einem dichten Faserflis gepreßt wird, sind auch die Schnittkanten glatt und können nicht ausrauhen. Man braucht daher die Kleidkanten nicht zum Saum umzulegen. Ein Material, das sich für Applikationen eignet (Abb. 240).

Abb. 240

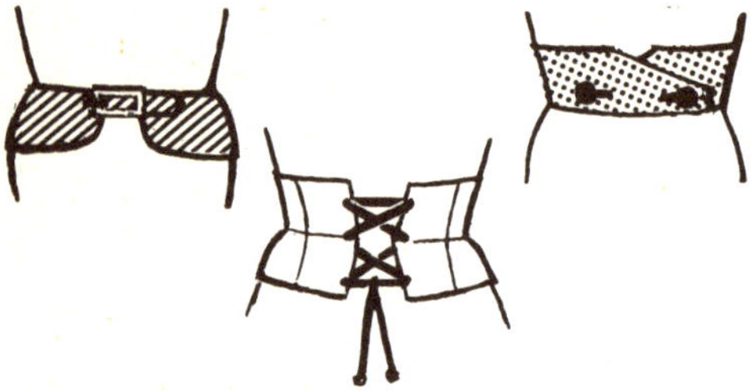

Abb. 241

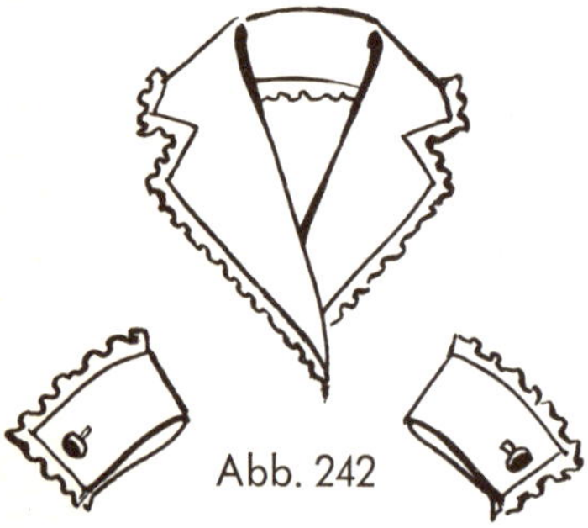

Abb. 242

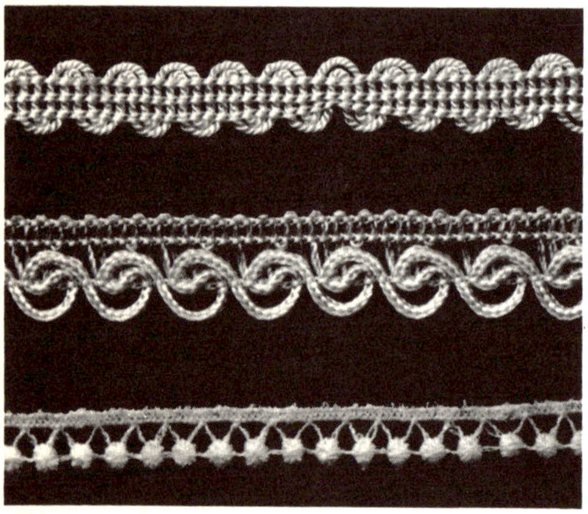

Abb. 243

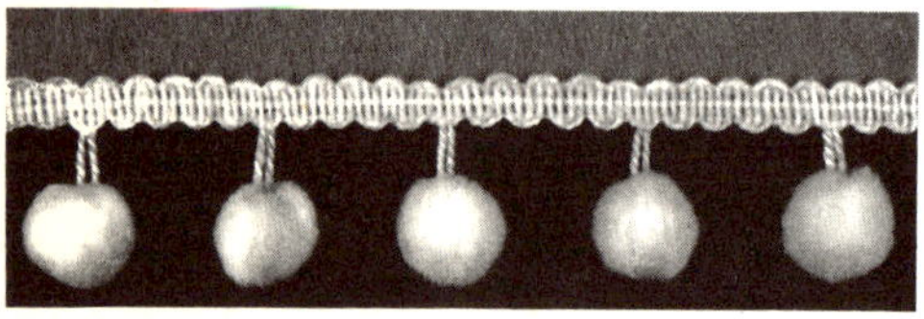

Abb. 244

Formgürtel

werden nach den im Schnitt gegebenen Teilen zugeschnitten, müssen jedoch nach der Figur abgesteckt und miederartig ausgearbeitet werden (Abb. 241).

Garnituren

werden für sich gearbeitet und als Kragen, Manschetten oder Paspel dem fertigen Kleidungsstück aufgeheftet oder mit kleinen Druckknöpfen oder einem Klettenverschluß dem inneren Halsrand oder den Ärmelrändern zum Auswechseln eingearbeitet (Abb. 242). Letzteres ist für Kinderkleidung günstig.

Gimpe

ist eine schmale Litze, die in der Art der Klöppelspitze angeschlagen und geflochten wird. Mit einem Seidenfaden umsponnen werden diese Litzen reicher ausgestattet.

Gipüre

nennt man Spitzen, die aus mehreren Gimpen verflochten und durch kleine Bommeln und perlenartige Verdickungen plastischer geformt sind (Abb. 243).

Grellons

sind Bommelchen aus Wolle oder Chenille, die an eine schmale Gimpe angearbeitet sind. Beim Ansetzen wird die Gimpe zwischen die beiden Stofflagen der Kante oder gegen den inneren Rand der Kante gesteppt, so daß nur die Bommelchen hervorsehen (Abb. 244).

Glockenrock

oder Tellerrock ist ein rundgeschnittener Rock oder ein aus glockig geschnittenen Bahnen gearbeiteter Rock. Bevor man bei Glockenröcken den Saum arbeitet, ist es ratsam, den Rock 1–2 Tage aushängen zu lassen, so daß sich die schrägen Stoffteile ausrecken können und der Rock später nicht zipfelt (Abb. 245).

Abb. 245

Godets

nennt man keilförmig eingesetzte Teile, die engen geraden Röcken den nach unten glockig ausfallenden Schwung geben. Geraden Einschnitten oder keilförmigen Ausschnitten werden diese Teile mit eng gestelltem Stich eingesteppt. Die obere Spitze kann man mit einem gegengesäumten Futterteil zusätzlich sichern (Abb. 246).

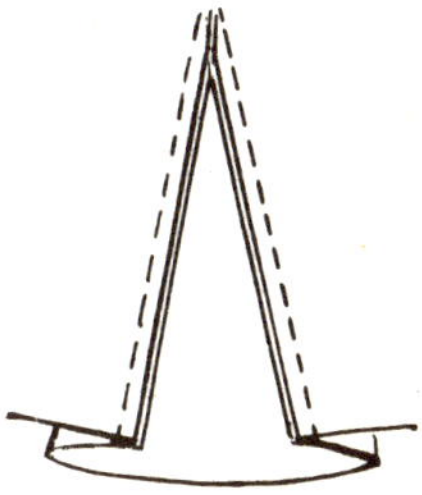

Abb. 246

Hänger

ist die Bezeichnung für ein gerade fallendes Kleidungsstück, z. B. einen Mantel oder ein einfaches Kittelkleid (Abb. 247).

Abb. 247

Imprägniert

Die so bearbeiteten Stoffe sind wasserabstoßend und eignen sich besonders für Sportkleidung. – Eine bestimmte Imprägnierung macht die Stoffe auch knitterunempfindlich. Bügeln, wenn überhaupt notwendig, sollte vorsichtig und nur nach Anweisung erfolgen.

Abb. 248

Jabot

ist eine duftige Garnitur aus Spitze und zarten Volants, die vom Kragenansatz aus den vorderen Verschluß verdeckend aufgeknöpft oder aufgearbeitet wird (Abb. 248). Da es stoffreich und zum Teil im Schrägfadenlauf geschnitten ist, sollte man es nicht selbst waschen, sondern chemisch reinigen lassen, damit die Form erhalten bleibt.

Abb. 249

Janker

sind sportliche Jacken im Trachtenstil. Sie werden aus Loden oder Tuch angefertigt und mit abstechenden Besätzen oder Paspelierungen geschmückt. Die nur mäßig taillierte Form wird immer mit eingeschnittenen Taschen und Steh- oder Reverskragen gearbeitet. Stilgerecht gehören Hornknöpfe dazu (Abb. 249).

Jersey

Dieser trikotähnliche elastische Wirkstoff ist besonders angenehm im Tragen. Aus allen Faserarten, auf natürlicher oder synthetischer Basis, wird er hergestellt. Bei sehr dehnbaren Arten sollte man die Nähte auf Bändchen arbeiten. Außerdem empfiehlt sich bei diesem Gewebe die chemische Reinigung.

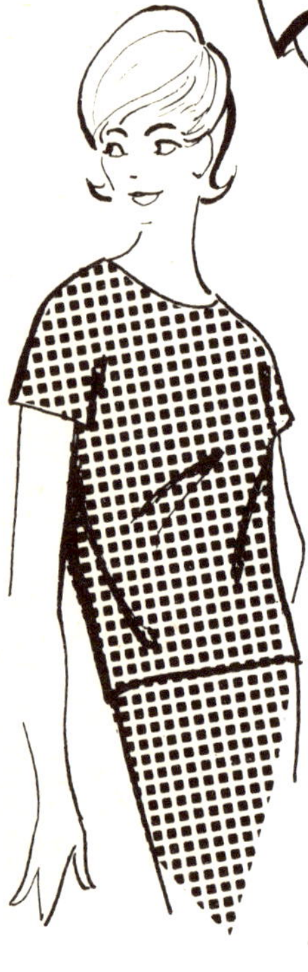

Abb. 250

Jumper

nennt man ein gerade und lose fallendes Oberteil, das meist eben über die Hüfte reicht und bei dem die Taille nur leicht angedeutet ist (Abb. 250). Gestrickte Jumper bezeichnet man auch als Sweater oder Pullover.

Kasack

ist eine Schoßbluse, die etwa bis zum Knie reicht und eng mit Seitenschlitzen oder leicht glockig über den Rock fällt (Abb. 251).

Keilhose

Eine Skihose, deren Beine nach unten keilförmig schmal zulaufen. Diese knappsitzende Hosenform muß aus den besonders dehnbaren Elastic-Stoffen gearbeitet werden und erhält Gummistege oder einen angearbeiteten Fersenteil an den unteren Beinrändern (Abb. 252).

Kimonoärmel

sind dem Oberteil angeschnittene Ärmel. Um größere Bewegungsfreiheit zu erzielen, setzt man Keile ein. Bei Halbkimonoärmeln ist dem Vorderteil oder dem Rückenteil ein Kimonoteil angeschnitten, das zweite Ärmelteil wird dem Oberteil mit einer Naht angesetzt.

Abb. 251

Abb. 252

Klettenverschluß

Ein Klettenverschluß besteht aus zwei Bändern (aus synthetischen Fasern). Das eine Band ist mit kleinen Widerhaken versehen und das andere Band ist mit einer flauschigen Faserschicht bedeckt, so daß die Häkchen darin fest haftenbleiben. Die Bänder werden an Über- und Untertritt eines Verschlusses genäht, und schon bei leichtem Druck greifen die Häkchen in die darunterliegende Faserschicht und halten so das Kleidungsstück geschlossen. Der Verschluß läßt sich gut öffnen, indem man die Ränder mit leichtem Ruck auseinanderzieht (Abb. 253).

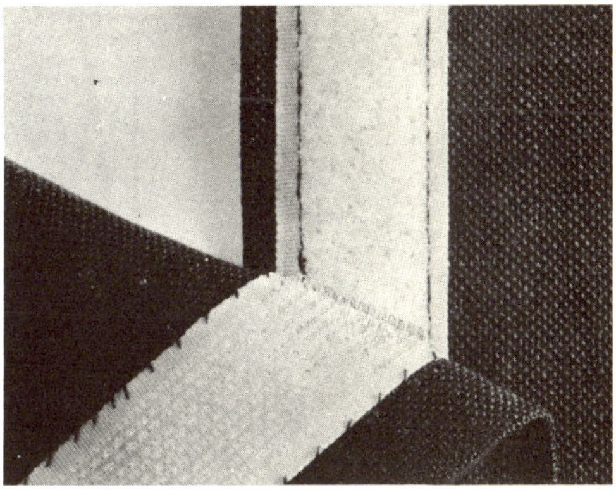
Abb. 253

Abb. 254

Abb. 255

Abb. 256

Komplet

nennt man einen Anzug, der aus Kleid mit Mantel oder Kleid mit Jacke besteht und in Schnitt, Material und Farbe harmonisch aufeinander abgestimmt ist. Ton in Ton gehalten, kann man Uni mit Karos, Streifen oder ornamentalen Mustern kombinieren. Ein Futter aus Kleidstoff unterstreicht effektvoll die Zusammengehörigkeit der Teile (Abb. 254).

Komposématerial

Für zwei oder drei zusammengehörige Kleidungsstücke (Kostüm und Mantel, Kleid und Jacke) wird sehr oft Komposématerial (zwei in Farbe, Webart und Material aufeinander abgestimmte Stoffe) verarbeitet.

Kuppelrock,

durch eine besondere Schnittform und die Verarbeitung von gesteiftem Einlagematerial erzielte bauschige Form eines halbweiten Rockes (Abb. 255).

Kurzmantel

oder Duffle-coat ist ein knielanger Sportmantel, der für Herren und Damen besonders zum Autofahren praktisch ist. Knebelverschluß und eine tief angesetzte Passe sind typisch für den aus imprägniertem Popeline und Wollstoff gearbeiteten Mantel. Wendeformen kann man je nach der Witterung auch mit dem Wollfutter nach außen tragen (Abb. 256).

Kurbelstickerei

nennt man die mit der Maschine ausgeführte Stickerei mit enger Zickzackeinstellung. Oft wird bei dieser Stickerei ein Baumwollfaden mitgeführt und überstickt (Abb. 257). Die so überstickten Linien erhalten dadurch mehr Plastik.

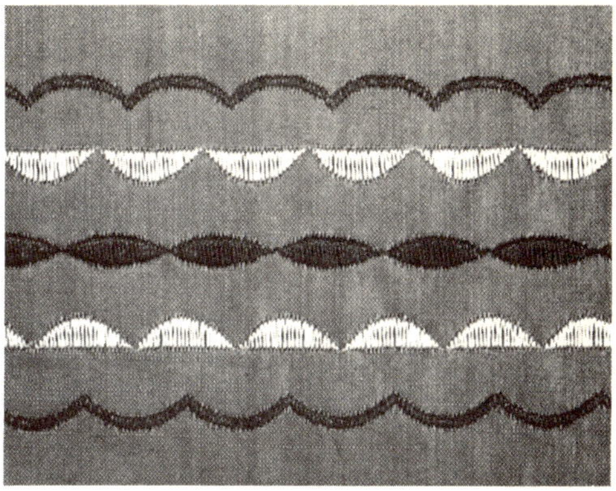

Abb. 257

Litzen

gibt es in vielen verschiedenen Ausführungen. Die Zackenlitzen lassen sich sehr hübsch mit Zierstichen auf Kinderkleider und Schürzen arbeiten. Soutachelitzen eignen sich auch zur Verzierung von Kleidern.

Lumberjack

ist die Bezeichnung für eine bequem sitzende Sportjacke mit Hüftbund. Kragen, Ärmelbündchen und Hüftbund sind meist gestrickt. Die Jacke wird vorn mit einem teilbaren Reißverschluß oder Knöpfen geschlossen (Abb. 258).

Abb. 258

Lurex

sind gold- oder silberglänzende Effektfäden. Da dieses Material nicht oxydieren kann, behalten die damit verwebten Stoffe den Glanz.

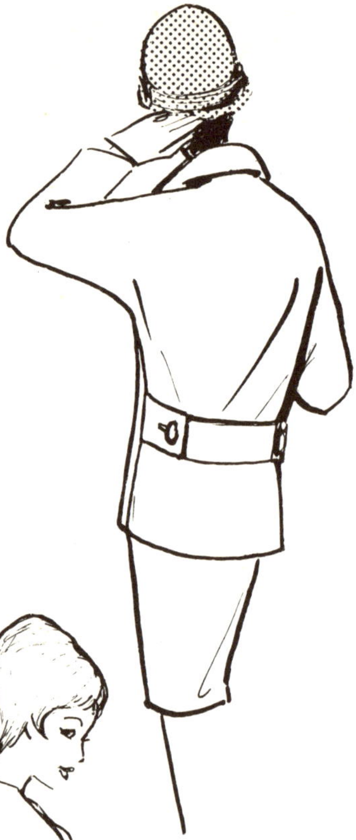

Abb. 259

Abb. 260

Martingale

nennt man den Rückengurt bei Mänteln (Abb. 259), der zwischen die Seitennähte gefaßt ist und locker hängt.

Naturfasern

sind Wolle, Seide, Baumwolle und Leinen. Aus den Fasern Wolle und Seide – tierischen Ursprungs – sind von Menschen die ersten Kleidungsstücke angefertigt worden. Erst viel später wurden die Fasern Baumwolle und Leinen – pflanzlichen Ursprungs – entdeckt.

Pailletten

werden aus Metall, Glas oder durchsichtigem Plastikmaterial hergestellt. Man verwendet sie für prächtige Stickereien an großen Abendkleidern. Vorsicht beim Bügeln! Die Kleidungsstücke nur chemisch reinigen lassen.

Panneaux

ist die Bezeichnung für lose aufgearbeitete Überbahnen an eleganten Kleidern. Von der Schulter oder der Gürtellinie herabfallend unterstreichen sie graziös jede Bewegung. Man wähle dafür schmiegsame, zarte Gewebe, die weich fließen (Abb. 260).

Patte

oder Leiste ist eine lose aufliegende, verstürzt gedoppelte Blende, die an einem Rand fest angearbeitet, z. B. am Verschluß, an Taschen und zur Verzierung angebracht wird.

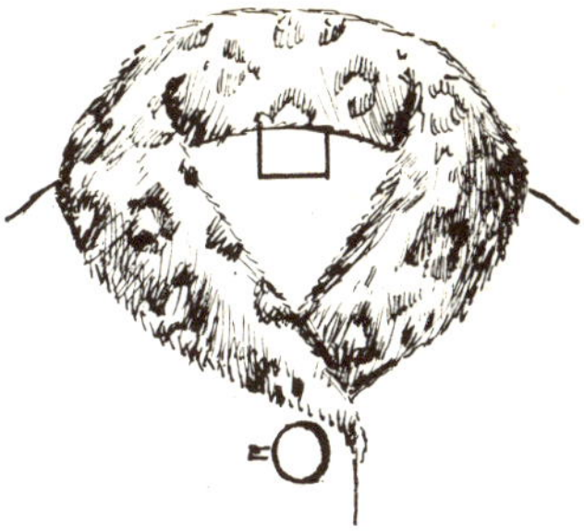

Abb. 261

Passe

oder Koller ist ein glatt anliegend gearbeitetes Ergänzungsteil am Oberteil von Kleidern, Mänteln und Jacken, die darunter in Fältchen angesetzt werden. Hüftpassen ergänzen weite Falten- oder Glockenröcke.

Abb. 262

Pelzbesatz

arbeitet man dem nur mit Einlage belegten Unterkragen fest auf. Bei Übergangsmänteln, die auch mal ohne Pelz getragen werden sollen, kann man den Pelzkragen für sich arbeiten, füttern und mit Laschen zum Einknöpfen versehen oder Klettenverschluß anbringen (Abb. 261).

Petticoat

ist ein bauschiger Unterrock aus spezialgesteiftem Gewebe (meistens synthetische Faser) gearbeitet. Leichte Stoffe lassen sich mit Einlagestoff versteifen (Abb. 262).

Abb. 263

Posamenten

ist eine Sammelbezeichnung für Borten, Tressen, Schnüre, Quasten, Pompons usw., die man als Besatz für Kleider und Heimtextilien verwenden kann (Abb. 263).

Abb. 264

Abb. 265

Abb. 266

Prinzeßform

wird beim Mantel Redingote genannt. Kleid- und Mantelteile werden in Längsbahnen geteilt, durchgehend geschnitten und schwingen nach unten leicht glockig aus. Je nach der Modelinie werden diese Modelle mehr oder weniger figurbetonend ausgearbeitet. Eine Schnittform, die stärkere Figuren günstig streckt (Abb. 264).

Raglan

ist die Bezeichnung für Ärmel mit angeschnittenen Schulterpassenteilen. Eine Ärmelform für sportliche Modelle (Abb. 265).

Riegel

nennt man kurze Gürtelteile, die nur in der Mitte des Rückenteils die Weite zusammenhalten und aufgeknöpft werden.
Ein geschürzter Riegel dagegen besteht aus gespannten Fäden, die aufspringende Falten oder Schlitzränder zusammenhalten und vor dem Ausreißen schützen.

Schärpe

nennt man ein breites Band, das zur Schleife gebunden oder geknotet werden kann. Es wird bei festlichen Kleidern oft an Stelle eines Gürtels getragen (Abb. 266).

Schulterpolster

kaschieren ungleich hohe, eckige oder abfallende Schultern. Lagenwatte wird in der gewünschten Höhe und Größe in mehreren, abgestuften Schichten übereinandergelegt und mit durchgreifenden Stichen durchnäht; dabei müssen die Polster gleichzeitig geformt und die Ränder abgeflacht werden. Die überzogenen Polster an Schulter- und Ärmelnaht anheften (Abb. 267).

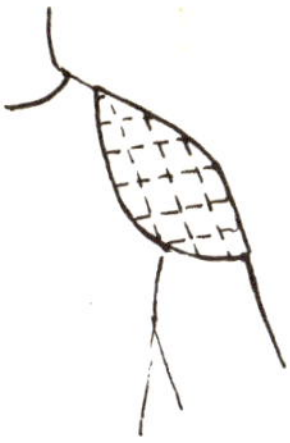

Abb. 267

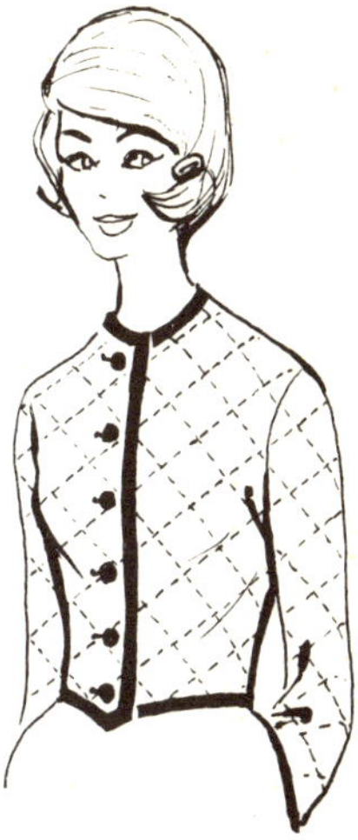

Abb. 269

Separates

nennt man Blusen, Jacken, Röcke, die, obgleich sie in Farbe und Material von einander abweichen, doch miteinander zu einem Anzug kombiniert werden können (Abb. 268).

Abb. 268

Spenzer

nennt man anliegend gearbeitete Jäckchen, die nur bis zur Taille reichen. Zu Trachtenröcken und Dirndlkleidern getragen, arbeitet man sie aus Steppstoff und paspelt die Ränder in abstechender Farbe (Abb. 269).

Stola

Diese schalartigen, breiten Stoffbahnen sind eine dekorative Ergänzung zu großen Abendkleidern. Sie werden aus dem Kleidstoff oder einem dazu passenden kostbaren Gewebe, wie Samt, Duchesse, Chiffon, Organza, gearbeitet. Man kann die Querränder mit Stickereien, Perlenbesatz oder Fransen verzieren (Abb. 270).

Abb. 270

Abb. 271 Abb. 272

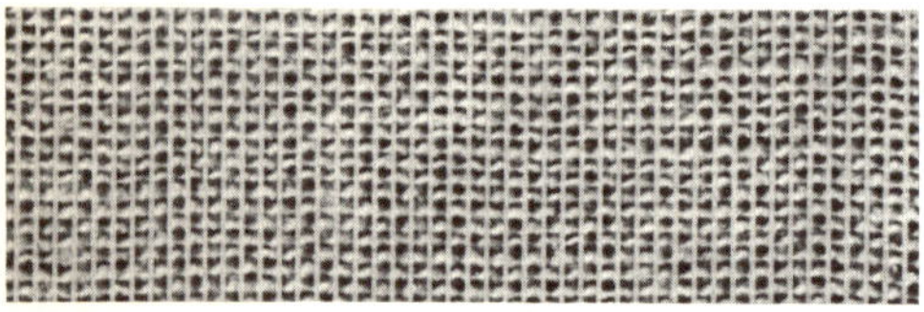

Abb. 273

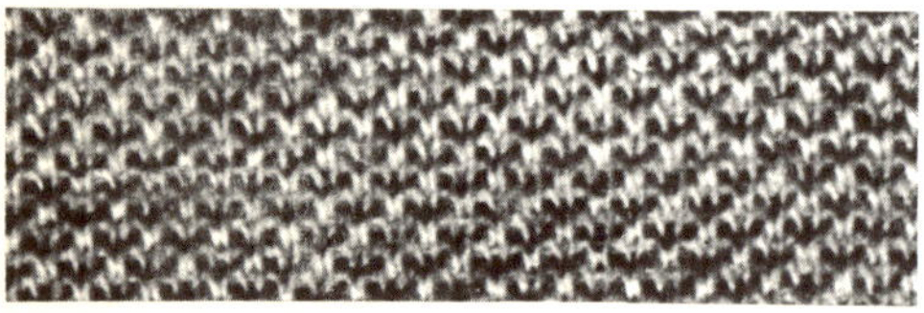

Abb. 274

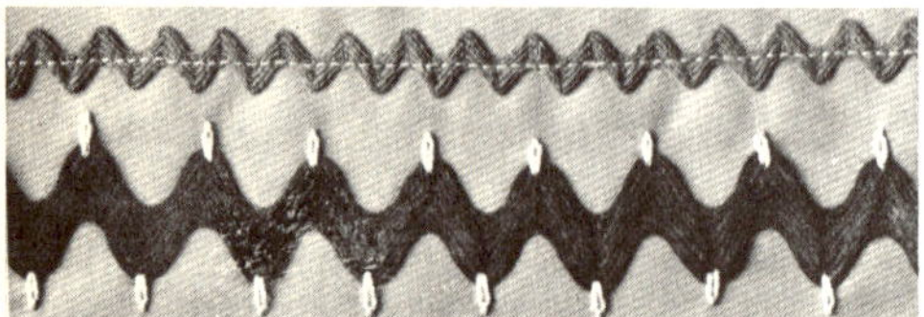

Abb. 275

Tunika,

loser, weiter Überrock, der nicht ganz bis zum Kleidsaum reicht und oft für sich gearbeitet ist. Ein elegantes enges Kleid läßt sich durch eine Tunika leicht in ein festliches Kleid verwandeln (Abb. 271).

Wasserfall

ist die Bezeichnung für einen senkrecht aufgearbeiteten, stark getollten Volant. Kreisförmig geschnittene Volantteile werden im geraden Fadenlauf aneinandergesetzt, nach unten schmaler werdend zugeschnitten und eingereiht oder am Ansatzrand glatt gespannt in Längsrichtung aufgenäht (Abb. 272).

Webstoff

Ein Webstoff wird aus Kette (Längsfäden, laufen parallel zur Webekante) und Schuß (Querfäden, laufen von einer Webekante zur anderen) gewebt. Die bekanntesten Bindungen bei Geweben sind die Leinen-, Panama-, Köper- und Atlasbindung für große Muster verwendet man die Jacquardbindung (Abb. 273).

Wirkstoff

Der Wirkstoff ist eine Maschenware, bei der viele parallellaufende Fäden seitlich miteinander verschlungen werden. Durch eine besondere Verkreuzung der Fäden sind gewirkte Stoffe maschenfest (Abb. 274).

Zackenlitze

ist eine wellenförmig gewebte Tresse, die es in verschiedenen Formen, Garnarten und Farben gibt. Wasch- und Kinderkleider sind damit hübsch zu verzieren. Man kann die Litze entlang der Mitte aufsteppen oder in die Zacken greifend aufsticken (Abb. 275).

Stichwortverzeichnis

G

H

I

J

K

L

M

N

O

P

U

V

W

Z

Noch ein guter Rat für Sie, liebe Leserin!

Viele aktuelle Schnittmodelle für die ganze Familie, vom Baby bis zur Großmama, finden Sie jeden Monat in Ihrer Modezeitschrift NEUER SCHNITT! Sorgfältig ausgearbeitet, geben diese Schnitte der selbstgeschneiderten Kleidung Sitz und Chic. Um alle Belange der Frau von heute zu berücksichtigen, enthält jedes Heft zusätzlich einen reichen Strick- und Handarbeitsteil sowie eine Fülle von Anregungen für Haus, Küche und den Alltag.

Modische Spezialwünsche erfüllen die Sonderhefte NEUER SCHNITT. Für die Gruppen Baby, Kleinkind, Schulkind, vollschlanke Damen sind Spezialmodelle vorrätig. Zu den Themen Wäschemode, Dirndlmode, Blusen und Röcke, Mäntel und Kostüme, Brautkleider, Festkleider, Umstands-Mode, Schürzen und Hauskleider usw. sind Sonder-Ausgaben vorhanden, die als Einzelheft bezogen werden können.

Lehrhefte vieler Handarbeitstechniken wie Häkeln, Stricken, Kunststricken, Smyrna, Gobelin warten darauf, dem Hobby Handarbeiten neue Freundinnen zuzuführen.

Greifen Sie aus dieser Fülle von Anregungen, Mustern und Hilfsmitteln, das was Sie lockt, heraus. Beweisen Sie der Familie und allen Bekannten wie geschickt Sie sind. Arbeiten Sie die schönsten Modelle für sich und unterstreichen Sie damit Ihren Typ. Gestalten Sie Ihre Wohnung individuell.

Die Redaktion der Zeitschrift NEUER SCHNITT arbeitet auch für Sie. Auskünfte und Hinweise erhalten Sie jederzeit kostenlos und unverbindlich, wenn Sie Ihre Wünsche an die Anschrift HEINRICH-BAUER-VERLAG, Verlags-Auslieferung Wiesbaden, Postfach 808 richten.